Auftrag und Führung öffentlicher Unternehmen

Schriftenreihe der Hochschule Speyer

Band 68

Auftrag und Führung
öffentlicher Unternehmen

Vorträge und Diskussionsbeiträge
der 45. Staatswissenschaftlichen Fortbildungstagung 1977
der Hochschule für Verwaltungswissenschaften Speyer

herausgegeben von

Prof. Dr. Peter Eichhorn

DUNCKER & HUMBLOT / BERLIN

Gedruckt mit Unterstützung des Bundesministers für das Post- und Fernmeldewesen, Bonn, des Deutschen Sparkassen- und Giroverbandes, Bonn, der Hochschule für Verwaltungswissenschaften Speyer, der Landeszentralbank in Rheinland-Pfalz, Mainz, und des Verbandes kommunaler Unternehmen (VKU), Köln-Marienburg.

Alle Rechte vorbehalten
© 1977 Duncker & Humblot, Berlin 41
Gedruckt 1977 bei Buchdruckerei A. Sayffaerth - E. L. Krohn, Berlin 61
Printed in Germany
ISBN 3 428 04076 7

Inhalt

Vorwort des Tagungsleiters 9

Begrüßungsworte des Rektors, Professor Dr. Peter Eichhorn 11

Eröffnungsansprache des Ministerpräsidenten des Landes Rheinland-Pfalz, Dr. Bernhard Vogel 15

A. *Öffentliche Unternehmen in der Marktwirtschaft* 21

    I. Öffentliche Unternehmen als Grundlage privatwirtschaftlicher Betätigung

        Von *Helmut Geiger*, Präsident des Deutschen Sparkassen- und Giroverbandes, Bonn 21

    II. Subsidiarität und Privatisierung öffentlicher Unternehmen

        Von Dipl.-Ing. *Gerhard Kienbaum*, Staatsminister a. D., Vorsitzender der Geschäftsleitung der Beratungsgruppe Kienbaum, Düsseldorf/Gummersbach 30

    III. Plenumsdiskussion, geleitet von Professor Dr. *Günter Püttner*, Speyer

        Berichterstatter: Albrecht Graf von Ingelheim, Wissenschaftlicher Assistent, Speyer 38

B. *Aufgabenerfüllung öffentlicher Unternehmen* 41

    I. Der öffentliche Auftrag der Deutschen Bundespost

        Von Dr. *Ernst Herrmann*, Ministerialdirektor im Bundesministerium für Verkehr und für das Post- und Fernmeldewesen, Bonn 41

    II. Der öffentliche Auftrag kommunaler Versorgungs- und Verkehrsunternehmen

        Von Professor Dr. *Erich Potthoff*, Vorsitzender des Vorstands der WIBERA Wirtschaftsberatung AG, Düsseldorf 49

Inhalt

III. Der öffentliche Auftrag öffentlicher Banken und Sparkassen

Von Professor *Fritz Duppré*, Staatssekretär a. D., Präsident der Landeszentralbank in Rheinland-Pfalz, Mainz 61

IV. Verkennen die öffentlichen Unternehmen ihren Auftrag?

Von Professor Dr. *Karl Oettle*, Universität München 67

V. Podiumsdiskussion, geleitet von Professor Dr. *Peter Eichhorn*, Speyer

Berichterstatter: Dr. Bernd Rückwardt, Akademischer Rat, Speyer 73

VI. Politische und administrative Einflußnahme auf Unternehmen des industriellen Bundesvermögens

Von Dr. *Bruno Kropff*, Ministerialdirigent im Bundesministerium der Finanzen, Bonn 79

VII. Entziehen sich öffentliche Unternehmen der bürgerschaftlichen Kontrolle?

Von Professor Dr. *Volker Emmerich*, Universität Bielefeld .. 88

VIII. Plenumsdiskussion, geleitet von Professor Dr. *Frido Wagener*, Speyer

Berichterstatter: Dr. Albrecht Nagel, Wissenschaftlicher Assistent, Speyer 101

C. *Führungsprobleme öffentlicher Unternehmen* 107

I. Die Operationalisierung der Unternehmensziele

Von Professor Dr. *Peter Friedrich*, Gesamthochschule Siegen 107

II. Unselbständige oder verselbständigte Organisationsformen?

Von Dr. *Wolfgang Vaerst*, Erster Präsident und Vorsitzer des Vorstandes der Deutschen Bundesbahn, Frankfurt am Main 128

III. Mitbestimmung der Belegschaft und öffentliches Interesse

Von Professor Dr. *Friedhelm Farthmann*, Minister für Arbeit, Gesundheit und Soziales des Landes Nordrhein-Westfalen, Düsseldorf 137

IV. Öffentliche Defizitunternehmen und Abgeltungsansprüche

Von Professor Dr. *Theo Thiemeyer*, Universität Bochum 144

V. Offene Podiumsdiskussion, geleitet von Professor Dr. *Peter Eichhorn,* Speyer

    Berichterstatter: Albrecht Graf von Ingelheim, Wissenschaftlicher Assistent, Speyer 153

Schlußwort des Tagungsleiters 157

Vorwort des Tagungsleiters

Ökonomen beschäftigen sich mit Problemen, die aus der Knappheit der Mittel resultieren. Dabei wird versucht, die zur Verfügung stehenden Ressourcen besser zu nutzen. Diesem Ziel dient nicht zuletzt auch die 45. Staatswissenschaftliche Fortbildungstagung der Hochschule für Verwaltungswissenschaften Speyer vom 19. bis 21. April 1977 in Speyer über „Auftrag und Führung öffentlicher Unternehmen".

Bei diesem Thema drängen sich drei grundsätzliche Fragen auf nach der Daseinsberechtigung öffentlicher Unternehmen, ihrer Aufgabenstellung und Aufgabenerfüllung sowie nach einer geeigneten Unternehmensführung. Einige Antworten hierauf geben die unter A, B und C abgedruckten Referate und Diskussionsbeiträge.

Der Abschnitt A der Tagung widmet sich den Problemen der Position öffentlicher Unternehmen in der sozialen Marktwirtschaft. Dabei zeigt sich, daß es in unserer Wirtschaftsordnung einen Kernbereich öffentlicher Wirtschaft gibt, über dessen Existenz im Prinzip weder wissenschaftliche noch ideologische Meinungsverschiedenheiten bestehen. Es werden aber auch die Randbereiche offenbar, die man je nach Standpunkt zu privatisieren, der öffentlichen Hand zu erhalten oder zu verstaatlichen wünscht.

Im zweiten Teil der Tagung (B), der mit „Aufgabenerfüllung öffentlicher Unternehmen" überschrieben ist, wird zunächst der jeweilige öffentliche Auftrag von verschiedenen Wirtschaftszweigen angehörenden öffentlichen Unternehmen vorgestellt. Die Kritik setzt dort ein, wo Auftragsvorgabe und Auftragserfüllung Schwachstellen aufweisen. Antithetische Auffassungen vertreten die Referenten bei den Problemen, die durch die politischen und administrativen Einflußnahmen auf die öffentlichen Unternehmen einerseits und durch die schwindende bürgerschaftliche Kontrolle der öffentlichen Unternehmen andererseits hervorgerufen werden.

Mit einigen, nicht weniger gegensätzlich beurteilten Führungsproblemen öffentlicher Unternehmen beschäftigt sich der abschließende Abschnitt C. Es stellen sich im einzelnen folgende Fragen: Wie kann der öffentliche Auftrag nachvollziehbar formuliert werden und lassen sich daraus konkrete Unternehmensziele ableiten? Welche Gründe sprechen für welchen Grad an unternehmerischer Verselbständigung öffentlicher

Unternehmen? Verbessert oder beschneidet die Mitbestimmung der Belegschaft die Erfüllung im öffentlichen Interesse liegender Aufgaben? Verlieren defizitäre öffentliche Unternehmen ihre Daseinsberechtigung oder erfordert ihr gemeinwirtschaftlicher Auftrag nicht geradezu die Alimentation durch Haushaltsmittel?

In unseren Überlegungen hierüber stehen wir noch immer am Anfang. Dies erscheint mir deshalb als besonders gravierend, weil es sich dabei um elementare Probleme handelt, die jedem von uns täglich begegnen. Mein Wunsch ist es, daß wir durch vereinte Anstrengungen von Wissenschaft und Praxis den Lösungen näherkommen.

Durch die Veröffentlichung der Referate und des wesentlichen Inhalts der Diskussionsbeiträge hoffen wir, dieses Gedankengut über die 240 Teilnehmer der Tagung hinaus einem interessierten Adressatenkreis zugänglich machen zu können. Ausdrücklich danken möchte ich an dieser Stelle dem Bundesminister für das Post- und Fernmeldewesen, Bonn, dem Deutschen Sparkassen- und Giroverband, Bonn, der Hochschule für Verwaltungswissenschaften Speyer, der Landeszentralbank in Rheinland-Pfalz, Mainz, und dem Verband kommunaler Unternehmen (VKU), Köln-Marienburg für die finanzielle Unterstützung bei der Drucklegung.

Speyer, im Juni 1977   *Peter Eichhorn*

Begrüßungsworte des Rektors
Professor Dr. Peter Eichhorn

Im Namen der Hochschule für Verwaltungswissenschaften Speyer heiße ich Sie herzlich willkommen. Mit Ihrer Anwesenheit bei der diesjährigen Staatswissenschaftlichen Fortbildungstagung dokumentieren Sie Ihr Interesse an dem Thema über „Auftrag und Führung öffentlicher Unternehmen". Gleichzeitig nehmen Sie an einem Jubiläum teil: Unsere Hochschule besteht nämlich in diesen Tagen seit 30 Jahren. Im Frühjahr 1947 wurde sie gegründet unter anderem mit dem Ziel, den Nachwuchs für den öffentlichen Dienst auszubilden und die Führungskräfte im weiten Bereich der öffentlichen Verwaltung fortzubilden. Die 1. Staatswissenschaftliche Fortbildungstagung fand im Jahr 1947 statt. Sie war der Arbeitsverwaltung, Kommunalverwaltung und allgemeinen Verwaltung gewidmet. Auch bei allen folgenden Tagungen standen Staat und öffentliche Verwaltung im Vordergrund. Gemessen an manchen jahrhundertealten Universitäten ist unsere Hochschule gewiß recht jung; aber auf dem Gebiet der Fortbildung — wir zählen jetzt die 45. Tagung — gehören wir sicher zu den erfahrenen Hochschulen.

Angesichts der Bedeutung dieser Tagung ist es mir eine besondere Freude, daß ein Ministerpräsident und amtierender Bundesratspräsident es übernommen hat, sie zu eröffnen. Ihr Erscheinen — der erste offizielle Besuch der Hochschule als Ministerpräsident — werte ich, sehr verehrter Herr Dr. Vogel, als Ausdruck für Ihr Interesse an dem hier zu behandelnden Thema, an den Tagungsteilnehmern sowie an der veranstaltenden Institution.

Zahlreiche Gäste, Freunde und Förderer unserer Hochschule haben sich auch dieses Jahr eingefunden. Mein Gruß gilt den Repräsentanten aus Kirche, Politik und Verwaltung, insbesondere dem Herrn Domkapitular Dörr in Vertretung des Bischofs von Speyer, dem Herrn Bundestagsabgeordneten Büchner sowie den Herren Landtagsabgeordneten Heidelberger und Schuler. In Vertretung des Oberbürgermeisters der Stadt Speyer begrüße ich Herrn Bürgermeister Wimmer. Unter unseren Gästen befinden sich zahlreiche Chefs von Kommunalverwaltungen und Spitzenverbänden, die ich ebenfalls herzlich willkommen heiße. Ich begrüße den Präsidenten des Bundesamts für gewerbliche Wirtschaft, Herrn Dr. Rummer, und den Präsidenten des Statistischen Landesamts von Rheinland-Pfalz, Herrn Dr. Nellesen, sowie in Vertretung des Präsidenten der Bundesakademie für öffentliche Verwaltung Herrn Direktor Dr. Kern. Ferner ist es mir eine Freude, mehrere Hochschullehrerkollegen und wissenschaftliche Mitarbeiter aus Universitäten und Forschungsinstituten bei uns zu sehen.

Eine Tagung über öffentliche Unternehmen führt die Angehörigen öffentlicher Verbände zusammen. Ich begrüße den Präsidenten des Deutschen Sparkassen- und Giroverbandes, Herrn Geiger, der auch das Eingangsreferat übernommen hat. Nicht minder herzlich heiße ich willkommen die Vertreter des Verbandes öffentlicher Banken, Herrn Dr. Becker, und des Verbandes kommunaler Unternehmen, Herrn Dr. Münch.

Unter den vielen, mit der Hochschule eng verbundenen Persönlichkeiten darf ich stellvertretend den Ehrensenator der Hochschule, Herrn Oberbürgermeister a. D. Dr. Skopp, begrüßen. Es ist mir eine Freude, daß viele Lehrstuhlinhaber, Assistenten und Referenten der Hochschule anwesend sind. An ihrer Spitze begrüße ich den Prorektor, Herrn Professor Dr. Dr. Merten. Zwei der Kollegen helfen liebenswürdigerweise die Diskussionen zu leiten, wofür ich Ihnen sehr dankbar bin. In meinen Gruß schließe ich unseren verehrten Emeritus, Herrn Professor Dr. Dr. Becker, herzlich ein.

Allen Teilnehmern aus den verschiedenen Institutionen des öffentlichen Sektors wünsche ich gewinnreiche Tage. Die Voraussetzungen hierfür werden von den Vortragenden geschaffen. Deshalb gilt ihnen mein besonderer Gruß. Die bereits anwesenden Referenten möchte ich eigens nennen. Ich darf in der Reihenfolge ihrer Vorträge willkommen heißen den schon genannten Herrn Sparkassenpräsidenten Geiger, Herrn Minister a. D. Kienbaum, Herrn Ministerialdirektor Dr. Herrmann, Herrn Vorstandsvorsitzenden Professor Dr. Potthoff, Herrn Landeszentralbankpräsidenten Professor Duppré und Herrn Ministerialdirigenten Dr. Kropff. Sie alle stehen für jeweils anschließende Diskussionen zur Verfügung, so daß vor allem auch nach nicht Gesagtem gefragt werden kann.

Da wir mit den wechselnden Themen unserer Frühjahrstagungen einen wechselnden Kreis von Interessenten ansprechen, sei es mir erlaubt, für diejenigen, die zum ersten Mal Gäste in unserem Hause sind, kurz den Auftrag und die Struktur der Hochschule für Verwaltungswissenschaften Speyer zu erwähnen und damit einige Worte zur jüngsten Entwicklung und zu den Problemen, vor denen wir stehen, zu verbinden. Die Hochschule Speyer widmet sich, wie es im Gesetz heißt, der Pflege der Verwaltungswissenschaften in Ausbildung, Fortbildung und Forschung. Damit ist sie vom Fach und von ihrem Bildungsangebot im nachuniversitären, also quartären Bereich her einzigartig in der Bundesrepublik Deutschland. Eine weitere Sonderstellung der Hochschule besteht darin, daß sie eine Bund-Länder-Einrichtung ist, d. h. sie wird vom Bund und allen Ländern getragen, wenn auch überwiegend vom Land Rheinland-Pfalz und neuerdings in größerem Umfang vom Bund finanziert. Diesen beiden haben wir den Erweiterungsbau zu verdanken, den unsere Professoren mit Assistenten und Sekretariaten Anfang dieses Jahres beziehen konnten.

Ungeachtet ihrer engen Verbindung zur öffentlichen Verwaltung gehört die Hochschule Speyer dem deutschen Hochschulsystem an. Nach dem großzügigen Ausbau der Hochschule Anfang der 70er Jahre gilt es jetzt, bei der Anpassung an das Hochschulrahmengesetz Struktur und Selbstverwaltung zu stärken und gesetzlich abzusichern. Dabei sollte Bewährtes bestehen bleiben. Die Gruppe der Professoren hat sich — das sei am Rande vermerkt — zum Beispiel für eine Beibehaltung der Rektoratsverfassung ausgesprochen.

Verwaltungswissenschaftliche Ausbildung betreibt die Hochschule Speyer seit ihrer Gründung in der Form des postuniversitären Studiums. Der Schwerpunkt liegt hier bei einem einsemestrigen verwaltungswissenschaftlichen Ergänzungsstudium für Rechts- und Wirtschaftsreferendare sowie Nachwuchskräfte des höheren Dienstes der Bundesanstalt für Arbeit. Wir haben dieses Studienangebot gerade durch eine Studienempfehlung übersichtlicher darzustellen versucht, aber wir sehen angesichts der drohenden Akademiker-Arbeitslosigkeit mit großer Sorge, wie sich die Ausbildung der Rechtsreferendare in den Ländern in immer engeren Bahnen bewegt und die Berufschancen der jungen Juristen schmälert. Um so erfreulicher ist der Verlauf, den unser Modellversuch eines einjährigen verwaltungswissenschaftlichen Aufbaustudiums genommen hat: 36 Teilnehmer stellen sich in diesen Tagen erstmals der Magisterprüfung und die Anmeldungen zum zweiten Durchgang sind zahlreich. Im vergangenen Jahr konnten wir sieben Doktoranden den doctor rerum publicarum verleihen.

Im Bereich der Fortbildung herrscht große Nachfrage nach unseren Eingangs- und Führungsseminaren. Die Zahl der Sonderseminare zu Spezialthemen wuchs, insbesondere auch durch unsere Beteiligung am Fortbildungsprogramm der Wissenschaftsverwaltung, das der Sprecherkreis der Hochschulkanzler entworfen hat.

Breiten Raum nehmen unsere Forschungsaktivitäten ein. Davon werden Sie sich in Kürze selbst überzeugen können, wenn der erste gemeinsame Forschungsbericht der Hochschule und ihres Forschungsinstituts erscheint, den ich hiermit ankündigen darf. Die Reorganisation des Forschungsinstituts steht vor dem Abschluß. Eingedenk der knappen Finanzmittel sind wir für die finanzielle Unterstützung durch das Land Rheinland-Pfalz, den Bund, die Deutsche Forschungsgemeinschaft und die Stiftung Volkswagenwerk dankbar, obwohl diese Finanzierung die formale Abtrennung des Instituts von der Hochschule erforderte.

Eine Fortbildungstagung wie diese an der Hochschule für Verwaltungswissenschaften Speyer soll unter anderem dazu dienen, daß gewonnene Erkenntnisse auf einem Gebiet der öffentlichen Unternehmen nach Möglichkeit auch anderen öffentlichen Bereichen zugute kommen. Fortschritte, die in öffentlichen Unternehmen erzielt worden sind oder jetzt gemacht werden, können unter Umständen zur Rationalisierung der Verwaltung beitragen. Das Instrumentarium betriebswirtschaftlicher Leistungssteigerungsmaßnahmen wie die Delegation von Entscheidungskompetenzen, die Verbesserung des Führungsstils, die Anstellung von Personal auf Zeit, die Bildung von Abrechnungsbezirken, die Durchführung von Erfolgskontrollen usw., mit anderen Worten: alle diese in den meisten öffentlichen Unternehmen gebräuchlichen Leistungsstimulatoren sind auf ihre Übertragbarkeit auf öffentliche Verwaltungen zu überprüfen. Dasselbe gilt für volkswirtschaftliche Leistungsanreize. Ist es beispielsweise möglich und zweckmäßig, das für viele öffentliche Unternehmen geltende Äquivalenzprinzip, also den Grundsatz von Leistung und Gegenleistung, oder einen marktähnlichen Wettbewerb, dem viele öffentlichen Unternehmen unterliegen, für gewisse öffentliche Verwaltungen einzuführen? Bei der Würdigung öffentlicher Unternehmen sollte vor allem nie vergessen werden, daß diese oft über einen Fundus an betriebs- und volkswirtschaftlichen, auch rechtlichen Kenntnissen verfügen, der seiner Anwendung in der Verwaltung harrt.

Angesichts des Teilnehmerkreises aus öffentlichen Unternehmen und Verbänden, der Verwaltung und der Wissenschaft wäre es erfreulich, wenn diese Tagung eine Verbindung zwischen unternehmerischem know how, administrativem Sachverstand und theoretischen Erkenntnissen herstellen würde.

Sehr verehrter Herr Ministerpräsident, darf ich Sie nunmehr um Ihre Ansprache zur Eröffnung der Tagung bitten.

Eröffnungsansprache des
Ministerpräsidenten des Landes Rheinland-Pfalz
Dr. Bernhard Vogel

Diese Eröffnung der 45. Staatswissenschaftlichen Fortbildungstagung der Hochschule für Verwaltungswissenschaften Speyer gibt mir in der Tat, wie Herr Professor Eichhorn gerade schon gesagt hat, die willkommene Gelegenheit, zum ersten Mal in meiner neuen Eigenschaft als Ministerpräsident hier in diesem Hause zu sprechen.

Weil diese Hochschule eine gemeinsame Einrichtung der elf deutschen Länder und des Bundes ist, gehört sie in die unmittelbare und direkte Zuständigkeit der Staatskanzlei. Daraus ergibt sich folgendes Kuriosum: Obwohl ich zehn Jahre lang für alle Hochschulen des Landes zuständig war, fiel diese Hochschule nicht unter meine Zuständigkeit. Jetzt, nachdem ich unmittelbar nicht mehr für die Hochschulen zuständig bin, zählt diese Hochschule hier in Speyer zu meinem Kompetenzbereich.

Die Gäste mögen es nicht verargen, wenn ich diese erste Gelegenheit nutze, um den Angehörigen dieser Hochschule zu sagen, daß ich mich über diese enger gewordene Verbindung freue und die unmittelbare Zuständigkeit wichtig nehme. Allerdings weiß ich auch, Sie, Herr Professor Eichhorn, haben das gerade schon durchblicken lassen, daß auch hier noch Aufgaben gelöst werden müssen. Ich denke beispielsweise an die lange diskutierte Anpassung der gesetzlichen Grundlagen dieser Hochschule an die heutige Hochschulordnung. Wir sind uns auch darüber einig, daß dies synchron zu der — wegen des Hochschulrahmengesetzes notwendig gewordenen — Novellierung der Hochschulgesetze dieses Landes durchgeführt werden muß.

Wichtiger aber ist, so meine ich, daß wir uns zu der Notwendigkeit dieser Hochschule bekennen. Diese Hochschule eigener Art ist, Sie haben es mit der Einordnung zum quartären Bereich angedeutet, um so notwendiger, je mehr Universitäten es in Deutschland gibt. Daher leitet sich ihr besonderer Reiz und ihre besondere Chance ab. Wir glauben, daß gerade jetzt, wo Hochschulen in Deutschland die quantitative Ausweitung erfahren haben, Einrichtungen wie diese hier in Speyer für die Professoren, für die Wissenschaft aber auch für die Aus- und Fortbildung besonders notwendig sind, und zwar in dem Maße wie deutsche Universitäten — man mag es noch so bedauern, man muß es dennoch konstatieren — sich diesen Aufgaben nicht mehr oder nicht mehr ausreichend widmen können. Genau in dem Maße wird es bedeutsam, daß Hochschulen wie diese hier in Speyer sich dieser Aufgabe vorrangig und zentral widmen können.

Natürlich ist das auch eine Frage des Geldes. Das Land Rheinland-Pfalz trägt deshalb gerne die Hauptlast. Die anderen Länder beteiligen sich, genauso wie der Bund, mit etwa 10 Prozent am jährlichen Aufwand dieser Hochschule. Beim erwähnten Forschungsinstitut für öffentliche Verwaltung liegt der Anteil des Bundes erheblich höher als bei den laufenden Kosten dieser Hochschule. Durch die gemeinsame Trägerschaft von Bund und Ländern wird die Bedeutung dieser Hochschule noch unterstrichen.

Ich möchte den heutigen Anlaß auch dazu nutzen, für die 30 Jahre lang geleistete Arbeit zu danken. Ich glaube, ich darf diesen Dank ganz offiziell auch in meiner Eigenschaft als Bundesratspräsident für die Gemeinschaft aller deutscher Länder aussprechen, den Dank für all das, was in den 30 Jahren an dieser Hochschule geleistet wurde. Ich denke dabei in erster Linie an die Forscher, Lehrer und Mitarbeiter, die heute nicht mehr im aktiven Dienst dieser Hochschule stehen. Ich füge hinzu: Wenn wir in ein paar Wochen in festlichem Rahmen die 500-Jahr-Feier der Universität Mainz begehen werden, wenn wir ein bißchen unauffälliger vor ein paar Jahren die 500-Jahr-Feier der ersten Gründung der Universität Trier begonnen haben, müssen wir dabei auch daran denken, daß die Bildung und die Wissenschaft auch in dieser Stadt durchaus eine lange über diese 30 Jahre hinausreichende Tradition hat.

Sie haben, meine Damen und Herren, die diesjährige Fortbildungstagung der unternehmerischen Tätigkeit der öffentlichen Hand gewidmet und damit die gute Tradition fortgesetzt, Themen mit besonderer Brisanz aufzugreifen, auch politisch kontroverse Themen nicht zu scheuen und ordnungspolitische Vorstellungen, die zum Teil durchaus umstritten sind, mit in die wissenschaftliche Auseinandersetzung einzubeziehen. Ich glaube, daß von dieser Tagung für die Teilnehmer in mehrfacher Hinsicht Anregungen ausgehen können, je nachdem woher und weshalb Sie kommen: aus den Unternehmen des Bundes, der Länder und der Gemeinden, aus den Trägerkörperschaften oder Verbänden öffentlicher Unternehmen, aus der Wissenschaft; auch der Benutzer und Leistungsabnehmer öffentlicher Unternehmen wird hier dazulernen können.

Ich glaube, Anregungen benötigen zunächst einmal die politischen Institutionen, die die Aufgaben öffentlicher Unternehmen festzulegen haben; denn allzu oft hat man bisher lediglich den Gegenstand des öffentlichen Unternehmens pauschal in Errichtungsgesetzen, in Satzungen oder in Gesellschaftsverträgen angegeben. Dabei hoffte man auf die inhaltliche Bestimmung dieser Leerformeln durch das Management mit seinem höheren Sachverstand. Das Management hat den ihm angebotenen Spielraum nach Kräften ausgenutzt; es hat die Unternehmensziele selbst festgelegt. Diese Entwicklung kennen wir aus der privaten Wirtschaft, wo man besonders in den Publikumsgesellschaften eine Tendenz der Verselbständigung des Managements gegenüber den Eigentümern registrieren kann.

Die Trennung zwischen Eigentumsrechten und Verfügungsgewalt, die mit den unterschiedlichen Funktionen von Kapitalgebern und Unternehmensleitungen begründet wird, dient in privaten Unternehmen letzten Endes der Gewinnerzielung. Man muß sich fragen, ob sich das Management der öffentlichen Unternehmen nicht oft zu sehr dem Verhalten des privaten Managements angeglichen hat. Eine Reihe von Vorfällen aus der letzten Zeit bei öffentlichen Banken, bei gemeinnützigen Wohnungsbaugesellschaften und anderen ähnlichen Einrichtungen scheinen mir zu beweisen, daß der öffentliche Auftrag nicht immer hinreichend ernst genommen wurde.

Erkennt man das Subsidiaritätsprinzip auch für öffentliche Unternehmen an, sind sie auf jene Betätigungsgebiete verwiesen, denen sich die Privaten nicht oder nur unzureichend widmen. Öffentliche Unternehmen — so meine ich — haben Aufgaben im Rahmen des sozialen Auftrags unserer Marktwirtschaft zu erfüllen.

Wir leben in einer freiheitlichen Wirtschafts- und Gesellschaftsordnung. Die soziale Marktwirtschaft hat beträchtlichen materiellen Wohlstand zusammen mit umfassender sozialer Versorgung verwirklicht. Die Resultate wirtschaftlicher Tätigkeit können in dieser Ordnung umfassender genutzt und leistungsgerechter verteilt werden als in anderen Systemen. Die persönliche Freiheit, ich bin versucht zu sagen, die persönliche Freiheit mehr als die Gleichheit — ist der Antrieb zur wirtschaftlichen Leistung und zu sozialer Verantwortung. Der Staat darf darum nicht immer mehr Dienstleistungsbereiche an sich ziehen und dadurch praktisch die Marktwirtschaft außer Kraft setzen. Öffentliche Unternehmen sind vielmehr auf diejenigen Bereiche zu begrenzen, in denen der Staat die Versorgung besser sichern kann als privatwirtschaftlicher Wettbewerb. Ich glaube, in den Grundsätzen besteht hier weitgehend Einigkeit auch zwischen den Parteien, jedenfalls in ihren Grundsatzprogrammen. So heißt es etwa im Orientierungsrahmen '85 der SPD, ich zitiere: „Von unzureichender Infrastrukturausstattung kann nicht mehr allgemein gesprochen werden. Der Nachholbedarf an öffentlicher Infrastruktur ist vielmehr abgebaut ...", und ein wenig weiter: „die öffentlichen Aufgaben müssen daraufhin überprüft werden, ob ihnen noch ein ‚gültiger sozialer Anspruch' zugrunde liegt".

Bei der Bestimmung der öffentlichen Aufgaben ist Daseinsvorsorge gewiß das entscheidende Kriterium. Aber ich meine, es kommt darauf an, nicht all das zur Daseinsvorsorge zu erklären, was bisher öffentlich betrieben wurde. Nach meiner Überzeugung sollte der Staat im Zweifel dem privaten Bereich die Betätigung und das Betätigungsfeld überlassen. Der öffentliche Auftrag aber muß m. E. wo er wahrgenommen wird, streng an den Leistungen orientiert werden, die zur Daseinsvorsorge unerläßlich und notwendig sind. Auf der Grundlage eines solchen öffentlichen Auftrags sollten die öffentlichen Unternehmen ihre Leistungen auf die wirtschaftlichste Weise zu erbringen versuchen.

Freilich sind nicht nur Politiker, die ich als erste ansprechen wollte, zum Nachdenken über den öffentlichen Auftrag öffentlicher Unternehmen anzuregen; auch zahlreiche öffentliche Verwaltungen als Träger, Partner, Kontrahenten oder Konkurrenten öffentlicher Unternehmen können mancherlei von diesem Nachdenken profitieren.

Herr Professor Eichhorn hat schon darauf hingewiesen, daß die öffentlichen Unternehmen Vorbilder sein können für Verbesserungen in den öffentlichen Verwaltungen. Ich möchte hinzufügen, daß sich beide Seiten verstärkt bemühen sollten, Gedanken und Erfahrungen auszutauschen. Die verantwortlichen Bediensteten in den Behörden wissen oft zu wenig darüber, wie die Angehörigen in den Betrieben arbeiten und umgekehrt ignoriert man in den Betrieben oft die Arbeit des Verwaltungspersonals. Entbehrliche Mißverständnisse auf beiden Seiten sind die Folge. Öffentliche Unternehmen können Verfahrenshilfen anbieten. Bedarfsprognosen und Wirtschaftlichkeitsrechnungen gehören seit langem zum unternehmerischen Alltag, worauf die Verwaltung verstärkt zurückgreifen sollte. Für den Wissenstransfer kommen unter anderem jene Verwaltungsangehörigen in Betracht, die einen Sitz in den Aufsichtsräten, Beiräten, Verwaltungsräten, Betriebskommissionen, Werksausschüssen und sonstigen Organen öffentlicher Unternehmen innehaben. An der Nahtstelle zwischen Verwaltung und Unternehmung ist die Brücke vom politisch-administrativen zum sozial-ökonomischen Handeln meines Erachtens zu schlagen.

Die dabei entstehenden Konflikte zwischen dem gemeinwirtschaftlichen Auftrag und dem unternehmerischen Streben nach Eigenwirtschaftlichkeit sind bis heute nicht zufriedenstellend gelöst. Es wäre wünschenswert, wenn es dieser Tagung hier in Speyer gelänge, neue Überlegungen anzustellen, die Ungereimtheiten und Widersprüche aufdecken und Verbesserungsmöglichkeit deutlich machen.

Sensibilität gegenüber den politischen und gesellschaftlichen Forderungen wird im besonderen von den Führungskräften öffentlicher Unternehmen erwartet. Ich betone das besonders, weil man allzu leicht geneigt ist, eine Identität mit den Managern in der privaten Wirtschaft zu statuieren oder zu fordern. Es heißt dann: die Leiter von öffentlichen Versorgungs- und Verkehrsunternehmen oder von öffentlichen Banken oder Sparkassen haben sich wie private Unternehmer am Markt zu verhalten; der Erfolg ihrer Tätigkeit bemißt sich gar nach dem erzielten Gewinn, so wird gesagt. Daß dies für öffentliche Unternehmen ohne öffentlichen Auftrag vielfach zutreffend ist, sei zugegeben. Aber der Ruf nach der Privatisierung solcher öffentlichen Unternehmen muß dann allerdings unüberhörbar werden, weil es öffentliche Unternehmen ohne öffentlichen Auftrag eigentlich nicht geben sollte.

Anders sieht es dagegen bei öffentlichen Unternehmen mit einem öffentlichen Auftrag aus. Hier kann der Markt allein eben nicht Richtschnur des Handelns sein. Viele dieser Unternehmen sind bekanntlich errichtet worden, um Unvollkommenheiten des Marktes zu begegnen, um die private Nachfrage nach öffentlichen Leistungen zu lenken oder Leistungen anzubieten, für die noch kein Markt vorhanden war und für die eine Nachfrage erst gebildet werden mußte. Die in öffentlichen Unternehmen beschäftigten Führungskräfte benötigen über die Marktkenntnisse hinaus jenes Fingerspitzengefühl für die politischen und sozialen Entwicklungen, das die Erfüllung dieser Aufgabe erst möglich macht.

Damit darf ich auf eine weitere Zielgruppe hinweisen, die meines Erachtens neben den Politikern, Verwaltungsbediensteten und den Unternehmensangehörigen im Zusammenhang mit öffentlichen Unternehmen vor allem gemeint ist: nämlich die Leistungsabnehmer, also die Bürger. Für sie — und das heißt letztlich: für uns alle — werden die Versorgungs- und Verkehrsleistungen, die Postdienste und die Sparkassenleistungen beispielsweise erbracht. Die Arbeit der öffentlichen Unternehmen vollzieht sich gewöhnlich lautlos, vielfach nicht bewußt beachtet. Man könnte vielleicht sogar den Satz sagen: Je unbemerkter öffentliche Unternehmen arbeiten, desto besser erfüllen sie ihre Aufgaben. Von Zeit zu Zeit allerdings treten sie in das öffentliche Rampenlicht: beispielsweise immer dann, wenn Leistungen verkürzt oder Preise erhöht, wenn Straßen aufgebrochen oder Leitungen verlegt werden sollen. Die dann manchmal zu Recht aufgeschreckte Öffentlichkeit muß in diesen Fällen über die Notwendigkeiten entsprechender Maßnahmen aufgeklärt werden, wobei ich davon ausgehe, daß sie immer notwendig sind und daß deswegen auch immer eine Aufklärung möglich ist.

Eine die Bürger gezielt informierende Öffentlichkeitsarbeit über den Auftrag und die Führung öffentlicher Unternehmen halte ich für unabdingbar. Versäumnisse bei der öffentlichen Information haben zum Teil wohl jene Bürgerinitiativen auf den Plan gerufen, denen wir bescheinigen müssen, daß sie gut sind, wo sie Aufgaben übernommen haben, die andere eigentlich Zuständige versäumt oder vernachlässigt haben. Auch für die Informationsarbeit der öffentlichen Unternehmen sollte, so hoffe ich, diese Tagung hier einige Anregungen und Denkanstöße vermitteln.

Ich möchte Ihnen, vor allem den Gästen aus anderen Ländern der Bundesrepublik Deutschland, einen guten Verlauf, ich möchte Ihnen allen gute Ergebnisse dieser 45. Staatswissenschaftlichen Fortbildungstagung der Hochschule für Verwaltungswissenschaften hier in Speyer wünschen, und ich wünsche Ihnen, daß Sie sich in dieser Hochschule, in diesem Land Rheinland-Pfalz und nicht zuletzt in dieser Stadt Speyer wohlfühlen. Ich hoffe es bleibt Ihnen auch noch ein bißchen Zeit für die Schönheiten dieser Stadt und für die Annehmlichkeiten der Abende in dieser Stadt.

A. Öffentliche Unternehmen in der Marktwirtschaft

I. Öffentliche Unternehmen als Grundlage privatwirtschaftlicher Betätigung

Von Helmut Geiger

Das mir gestellte Thema wirft in seiner Komplexität eine Fülle von Problemen auf. Ich will versuchen, mich auf die Schwerpunkte zu konzentrieren. Der Prüfstein für die Bewertung der Probleme und das verbindende Element der Einzelaspekte wird dabei die Frage sein: Wie sind öffentliche Unternehmen gesamtwirtschaftlich zu beurteilen? Damit wird der ordnungspolitische Aspekt zu einem wesentlichen Kriterium.

Unsere Wirtschaftsordnung, die soziale Marktwirtschaft, verbindet zwei Prinzipien, das Markt- und Leistungsprinzip mit dem Sozialstaatsprinzip. Für den Wirtschaftsprozeß sollen also nicht nur die Grundsätze des Marktwettbewerbs von Angebot und kaufkräftiger Nachfrage ausschlaggebend sein, sondern auch die Prinzipien von Solidarität und Subsidiarität mit dem Ziel eines sozialen Ausgleichs. Vereinfacht ausgedrückt: Der private Wettbewerb am Markt soll ein Höchstmaß an Produktivität und Leistungserstellung bewirken, aber für die Versorgung und endgültige Verteilung des Sozialprodukts setzt der Staat zusätzliche Daten. Das kann indirekt durch die Steuerpolitik und durch die Wettbewerbs- und Sozialgesetzgebung geschehen, aber auch direkt durch unternehmerische Aktivitäten der öffentlichen Hand.

Das Thema mündet also in der Fragestellung: Wann, in welchen Fällen sollen oder müssen Bund, Länder oder Gemeinden unternehmerisch tätig werden? Nach der Konzeption unserer Wirtschaftsordnung heißt grundsätzlich die Antwort: Dann, wenn der private Sektor die gesellschaftlich für notwendig erachtete Leistung über den Markt allein nicht oder nicht befriedigend erstellen kann, also ein öffentliches Interesse an einer ergänzenden unternehmerischen Tätigkeit der öffentlichen Hand besteht. Die Prämisse „gesellschaftlich für notwendig erachtet" ist problematisch und wirft Fragen nach der Legitimation auf. Aber für einen demokratischen Staat sollte man dies als ein befriedigend geregeltes Faktum voraussetzen.

Wichtig ist die Frage, warum der private Sektor in den fraglichen Fällen nicht die entsprechende Leistung über den Markt bringen kann. Hier ist zunächst an solche Fälle zu denken, die sich mit dem Begriff „Infrastruktur" verbinden. Dabei geht es um Straßen, Kanäle, Bahn- und Postleitungen, Luftverkehr, aber auch um öffentliche Aktivitäten im kulturellen Bereich oder im Dienstleistungssektor. Nun könnte man etwa das Beispiel, daß es notwendig ist, Eisenbahnen in staatlicher Regie zu betreiben, durch den Hinweis auf Privatbahnen in anderen Ländern entkräften. Dabei ist jedoch zu berücksichtigen, mit welchem Ziel eine staatliche Eisenbahn betrieben wird. Während über die privatwirtschaftliche Bedienung „rentabler" Strecken leicht Einvernehmen zu erzielen sein wird, ändert sich die Beurteilung, wenn es um die verkehrsmäßige Erschließung wirtschaftlich schwacher Zonen, um bestimmte Industrieansiedlungen oder um besondere soziale Aspekte des Leistungsangebots geht. Besonders akut wird die Frage der wirtschaftlichen Betätigung der öffentlichen Hand immer dann, wenn ihre Aktivität zwar mit allgemeinem Interesse begründet werden kann, der einzelne Bürger aber kein so starkes unmittelbares Interesse daran hat, er nicht bereit ist, einen mindestens kostendeckenden Preis dafür zu zahlen, und wenn eine Umlage ‚externer Kosten' über den Preis nicht sichergestellt werden kann. Ähnlich ist die Situation, wenn die Leistungserstellung erhebliche Vorkosten bedingt, die ein privates Unternehmen nicht durch entsprechende Erlöse in akzeptabler Frist decken kann.

Besonderes Gewicht bei der Beurteilung öffentlicher Unternehmen kommt der Zukunftssicherung industrieller Strukturen zu. Damit meine ich nicht die bloße Aufrechterhaltung eines strukturellen status quo, sondern vor allem die Funktion öffentlicher Unternehmen im Hinblick auf den sozialen und strukturellen Wandel. Ich will dies an einem Beispiel verdeutlichen: Spätestens seit Ende 1973, als der Ölschock die Welt erzittern ließ, hat sich auch in der Öffentlichkeit die Erkenntnis durchgesetzt, daß unsere wirtschaftliche und gesellschaftliche Zukunft mit davon abhängt, ob und zu welchem Preis ein Industrieland ohne eigene Erdölproduktion auf längere Sicht seinen Energiebedarf decken kann. Hätte der Staat im Bereich der Kohleförderung keine rechtzeitige Initiative ergriffen, wäre das energiepolitische Standbein Kohle heute noch schwächer. Kohlen aus Polen oder den USA mögen zwar temporär billiger sein, aber können wir jederzeit auf ihre Lieferung vertrauen? Die Ruhrkohle AG als öffentliches Unternehmen hat gewiß auch Schönheitsfehler, war aber damals wohl der realistische Weg, den Strukturwandel in der Energieversorgung geordnet zu vollziehen und dabei

I. Öffentliche Unternehmen und privatwirtschaftliche Betätigung

ökonomische, soziale und regional politische Komponenten im Gleichgewicht zu halten. Denn es wäre Leichtsinn gewesen, darauf zu hoffen, daß Rohöl so billig wie ehemals bleibt und stets in unbegrenzter Menge bezogen werden kann.

Um beim Energiebedarf zu bleiben: Die Kohle allein kann unseren künftigen Energiebedarf nicht decken. Über eigenes Öl und Erdgas verfügen wir nur in sehr begrenzten Mengen. Ersatzenergien müssen gesucht werden. Kernenergie ist inzwischen äußerst umstritten, mit Sonnen- und Windenergie wird experimentiert. Hier ist noch viel kostspielige Grundlagenforschung notwendig; die erforderlichen Großinvestitionen sind „geschäftlich" äußerst risikoreich. Zur Existenzsicherung der Bevölkerung sind aber Forschung und Investitionen notwendig, sie kann nicht als Experiment dem kaufmännischen Kalkül einzelner Unternehmen überlassen bleiben — schon im Hinblick auf die erforderliche finanzwirtschaftliche Kraft. Hier muß also der Staat aktiv werden, Mittel bereitstellen und dafür das Risiko übernehmen.

Für alle diese Fälle gilt: Ein öffentliches Interesse muß gegeben sein. Damit ist aber nicht gesagt, daß die Erfüllung dieser Bedingungen ein „Freibrief" für die Betätigung öffentlicher Unternehmen bedeutet. Die Alternative heißt: Genügt es nicht, wenn die öffentliche Hand durch direkte Zuschüsse, Kostenbeteiligung, gezielte steuerliche Hilfen, die privaten Investitionen so beeinflußt, daß die infrastrukturellen, sozialpolitischen und vorsorgesichernden Erfolge dennoch durch privatunternehmerische Tätigkeit erzielt werden? Diese Frage ist aus unserem marktwirtschaftlichen Verständnis heraus sicher zu bejahen. Nur: Sie ist überall dort müßig, wo das Ziel mit Subventionen nicht oder nur unvollkommen erreicht wird. Ein Blick in die Subventionsberichte des Bundes zeigt die Kluft zwischen Ziel und Erfolg der Subventionspolitik. Zum anderen verliert die öffentliche Subvention dort ihren Sinn, wo auch die Subvention zur Übernahme des Unternehmerrisikos führt, wo also die Verluste sozialisiert und die Gewinne privatisiert werden.

Die Tätigkeit eines öffentlichen Unternehmens ist immer dann notwendig, wenn das anvisierte öffentliche Ziel nicht anders besser erreicht werden kann. Dabei kann es sich oft um eine „Lückenfüller-Funktion" zur Deckung eines bestimmten Bedarfs auf Dauer handeln. Öffentliche Unternehmen als „Lückenfüller", als „Basis", sichern die Befriedigung eines bestimmten Kollektivbedarfs. Sie konkurrieren dann nicht mit privaten Unternehmen, im Gegenteil: sie erschließen durch infrastrukturelle Aktivität sogar neue Märkte für die Privatwirtschaft oder sichern deren Grundversorgung mit Energie- und Verkehrsleistungen. Sie werden damit zu einer wirtschaftlich notwendigen Basis der Privatwirtschaft. Was aber berechtigt den Staat nach unserem ordnungspolitischen Verständnis, als Konkurrent zur Privatwirtschaft aufzutreten?

Die konkurrierende Tätigkeit öffentlicher Unternehmen wird vorwiegend gesellschafts- oder ordnungspolitisch begründet. Man hört von manchen Seiten die These, daß öffentliche Erwerbsunternehmen durch ihre Einnahmen den Steuerzahler entlasten. Mit der Inanspruchnahme der Leistung öffentlicher Unternehmen gegen Entgelt erziele die öffentliche Hand Einkünfte, die anderenfalls über allgemeine Hoheitsabgaben, also Steuern, hereingeholt werden müßten. Zudem sei die Zurechenbarkeit von Leistung und Belastung im Sinne des Äquivalenzprinzips hier gegeben — ganz im Sinne einer am Leistungsprinzip orientierten Wirtschafts- und Gesellschaftsordnung.

So plausibel dies klingen mag, so wenig ist es in dieser Allgemeinheit überzeugend. Das Argument der Steuerentlastung zieht nur, wenn die Kosten mehr als gedeckt werden, gilt also nur für gewinnbringend arbeitende öffentliche Unternehmen. Gerade in diesen Fällen jedoch stellt sich die ordnungspolitische Frage, warum sich der Staat hier in den Markt drängt und das Feld nicht den privaten, auf Gewinn angewiesenen Unternehmen überläßt. Hier ist also ein Fragezeichen angebracht. Jedenfalls erscheint mir das Argument der Steuerentlastung als Rechtfertigung für öffentliche Unternehmen sehr fragwürdig.

Der Vollständigkeit halber ist zu erwähnen, daß es im Sinne des öffentlichen Interesses geboten sein könnte, in speziellen Fällen einer drohenden „Überfremdung" in wichtigen Industrien dadurch zu begegnen, daß die öffentliche Hand Anteile erwirbt. Bisher sind in solchen Fällen in der Bundesrepublik die Banken tätig geworden. Dazu ist grundsätzlich festzustellen: Die Bundesrepublik hat bisher aus dem internationalen Wettbewerb und der grenzüberschreitenden Arbeitsteilung per Saldo nur Nutzen gezogen. Dieses bewährte Prinzip einem kurzsichtigen Nationalstaatsdenken zu opfern, wäre nicht gerechtfertigt. Das „Überfremdungsargument" ist also wenig überzeugend.

Ernster zu nehmen ist dagegen das Argument, daß öffentliche Unternehmen zur Verstetigung unserer gesamtwirtschaftlichen Entwicklung beitragen können. Während Wirtschafts- und Sozialgesetzgebung sowie Infrastruktur- und allgemeine Konjunkturmaßnahmen nur eine indirekte Stabilisierung bewirken, könnten öffentliche Unternehmen — so die Behauptung — direkt einen Stabilisierungsbeitrag leisten, indem sie sich antizyklisch verhalten.

Man braucht kein Stamokap-Anhänger zu sein, um die Mechanik dieser Logik zu begreifen. Die Frage ist aber, ob sich diese „antizyklische Stabilisierung" ordnungspolitisch rechtfertigen läßt. Denn antizyklisch

I. Öffentliche Unternehmen und privatwirtschaftliche Betätigung

— ob auf die Vorhaltung und Einstellung von Arbeitskräften, auf die Auftragsvergabe oder die Produktion bezogen — heißt hier immer: gegen den Markt, also zu Lasten der Erlösseite. Das öffentliche Unternehmen würde mit Hilfe öffentlicher Gelder durch eine Rezession mit Rückenwind segeln, während die privaten Konkurrenten alle konjunkturellen Handicaps schleppen müßten. Wäre dann nicht ein staatlich finanzierter „Rückenwind" für die privatwirtschaftlichen Unternehmen ordnungspolitisch eher zu vertreten? Und wäre das bei der gegebenen Proportion zwischen privatem und öffentlichem Beitrag zum Sozialprodukt nicht auch effizienter, also „billiger"?

Aber damit bin ich bereits bei einem weiteren Aspekt angelangt. Neben die „Lückenfüller-Funktion" tritt die ordnungspolitische Funktion öffentlicher Unternehmen. In bestimmten Bereichen ist die Existenz öffentlicher Unternehmen wettbewerbspolitisch notwendig; anders läßt sich ein funktionsfähiger Wettbewerb nicht sichern. Diese Funktion kann sich aus der „Lückenbüßer"-Funktion entwickeln. Ein typisches Beispiel dafür sind öffentlich-rechtliche Banken, besonders die öffentlichen Sparkassen.

Die öffentliche Hand hat sich mit der Gründung der Sparkassen eines Aufgabegebiets angenommen, für das die private Wirtschaft damals keine Alternative bereithielt. Mit der Beschränkung der Sparkassen auf ihren örtlichen oder regionalen Bereich als Ausdruck ihrer kommunalen Bindung und der kommunalen Gewährträgerhaftung wurden gleichzeitig im Laufe der Jahre die Grundlagen für eine gleichmäßige Geld- und Kreditversorgung in den Städten und auf dem sogenannten flachen Land geschaffen. Damit war die „kreditwirtschaftliche Infrastruktur" für ein regional ausgeglichenes Wachstum geschaffen, um die uns heute manche Nachbarstaaten beneiden, deren kreditwirtschaftliche und wirtschaftliche Strukturen stark zentralistisch oder rein privatwirtschaftlich ausgerichtet sind. Die dezentrale Tätigkeit der Sparkassen war die Voraussetzung für ein wirtschaftliches Wachstum in den ländlichen Regionen und für die Emanzipation von Arbeitnehmern und mittelständischen Unternehmen in den Städten.

Durch den wirtschaftlichen Aufschwung nach der Währungsreform sind die privaten Haushalte auch zu interessanten Kunden für die privaten Kreditinstitute geworden. In den folgenden Jahren hat sich das kreditwirtschaftliche Angebot fast aller Kreditinstitute ständig weiter entwickelt, und zwar geprägt durch Gruppenwettbewerb. Heute bietet jede der drei großen Gruppen — die privaten Kreditbanken, der Genossenschaftssektor und die Sparkassenorganisation — gerade den privaten Kunden dieselben kreditwirtschaftlichen Leistungen an. Ohne das wirtschaftliche Wachstum, ohne die Pionierarbeit der Sparkassen im 19. Jahrhundert und zu Beginn des 20. Jahrhunderts wäre dieses nicht zu erreichen gewesen. Das ist die eine Auswirkung.

Die andere ist: Durch die aufgabenbezogene Tätigkeit der öffentlich-rechtlichen Sparkassen wird im Wettbewerb mit den Konkurrenten die Grundlage für die kreditwirtschaftliche Versorgung breiter Bevölkerungskreise garantiert. Heute geht es für die öffentlich-rechtliche Sparkassenorganisation darum, ein leistungsfähiger Wettbewerbsfaktor in der deutschen Kreditwirtschaft zu sein und durch seine Stärke vor allem die dezentrale Struktur unseres Bankensystems zu sichern. Die Wettbewerbskorrekturfunktion zeigt sich auch in vielen Neuentwicklungen, die dann vom übrigen Kreditgewerbe übernommen wurden, weil der Konkurrent Sparkasse sie „erfunden" hat und weiterbetreibt. Die gesetzlich verankerte dezentralisierte Arbeitsweise der Sparkassen verhindert aber auch eine zu starke Konzentration im Kreditgewerbe. Anders ausgedrückt: Der räumlich wirtschaftlichen Ballung wird ebenso entgegengewirkt wie der Bevorzugung wirtschaftlich Starker.

Bei der wettbewerbspolitischen Argumentation zu Gunsten öffentlicher Unternehmen darf ein diffiziler Aspekt nicht übersehen werden. Ich meine die Tatsache, daß es in der Natur des Wettbewerbs liegt, sich selbst aufzuheben. Deshalb bedeutet Wettbewerbspolitik auch das unumgängliche Bemühen des Staates, den Wettbewerb permanent zu „veranstalten". Wir müssen folgendes sehen: Wenn öffentliche Unternehmen „Hecht im Karpfenteich" oder auch nur munterer kleiner Fisch im Wettbewerb sein wollen, müssen sie am Markt erfolgreich sein. Dazu brauchen sie ein Mindestmaß an geschäftspolitischer Freiheit.

Ordnungspolitisch problematisch kann aber folgende Entwicklung werden: Ein erfolgreiches, den allgemeinen Wettbewerb stimulierendes öffentliches Unternehmen wird expandieren — sowohl autonom als auch durch Übernahme schwächerer Konkurrenten. Dann kann — jedenfalls tendenziell — ein Gebilde entstehen, das dem ursprünglichen Zweck der Förderung des Wettbewerbs entgegensteht: Aus dem Hecht wird ein weißer Hai, der seinerseits dem Wettbewerb im Wege steht. Damit will ich auf folgendes Problem hinweisen: Öffentliche Unternehmen sollen unter der Fahne „Wettbewerbsförderung" einerseits möglichst frei agieren dürfen, andererseits aber nicht dominieren. Auch an diesem Beispiel wird deutlich, vor welchen Schwierigkeiten die Wettbewerbspolitik steht.

Daher liegt ein hohes Maß an Verantwortung bei den Aufsichtsgremien öffentlicher Unternehmen. Man sollte die falsche Meinung begraben, als könnte ein Aufsichtsgremium — sei es der Aufsichtsrat oder der Verwaltungsrat — tagtäglich die Geschäftspolitik überwachen oder

I. Öffentliche Unternehmen und privatwirtschaftliche Betätigung 27

gar in sie hineinregieren. Aber: Das Aufsichtsgremium muß die allgemeine Geschäftsgrundlage überwachen und entscheiden, wo eine Grenze liegt und nicht überschritten werden soll oder darf. Es muß die Einhaltung des öffentlichen Auftrags überwachen. Ob aus einem Hecht ein Hai wird, das hat letztlich das Aufsichtsgremium zu verantworten. Deshalb gehören in diese Gremien Menschen mit Sachverstand, Courage und Tatkraft, nicht nur mit Proporzfarbe.

Sieht man die Liste der öffentlichen Unternehmen in Bund und Ländern durch, so fällt bereits an den Gründungsdaten auf, daß öffentliche Unternehmen in Zeiten mit sehr unterschiedlichen wirtschartspolitischen Zielsetzungen gegründet worden sind. Viele dieser Unternehmen haben die Zeit überdauert, obwohl sich die Auffassungen über ihre Funktionen geändert haben. Dabei handelt es sich um Unternehmen, die zum Teil noch aus einer merkantilistisch-fiskalisch orientierten Zeit stammen, z. B. staatliche Porzellanmanufakturen und Brauereien. Andere Unternehmen sind in der liberalen Epoche des vergangenen Jahrhunderts im Bereich der „Lückenbüßer-Funktion" gegründet worden, vor allem Verkehrs- und Energieversorgungsunternehmen sowie bestimmte öffentliche Banken. Auch Unternehmen gehören dazu, die nach dem Ersten Weltkrieg zur Lösung dringender sozialer Fragen, z. B. im Wohnungsbau, gegründet wurden. Besonders viele Unternehmen stammen aus der Zeit der NS-Autarkie- und Kriegsvorbereitungspolitik — der Salzgitter-Konzern und das VW-Werk stehen hier für viele Unternehmen dieser Art. Hinzu kommen Unternehmen mit bestimmten sozial- und wirtschaftspolitischen Aufgaben nach dem Zweiten Weltkrieg, z. B. zur Durchführung des Lastenausgleichs, der Flüchtlingseingliederung und der Regionalpolitik, aber auch in jüngster Zeit zur Sicherung der Energieversorgung. Schon dieser kurze Überblick macht deutlich, daß sich die öffentlichen Aufgaben im Laufe der Zeit wandeln. Wegen des Wegfalls der einstigen Aufgaben kann aus heutiger Sicht der Grund für ein „öffentliches" Unternehmen entfallen sein.

Damit kommt man zu dem heiklen Punkt, wann und unter welchen Bedingungen öffentliche Unternehmen privatisiert oder aufgelöst werden sollen. Ich will nicht die Privatisierungsdebatte der 60er Jahre wieder aufgreifen, aber doch einige Fragen stellen, die auf die Probleme hinweisen: Wenn z. B. ein öffentliches Unternehmen zur Förderung des Wettbewerbs gegründet wurde, führt dann seine Privatisierung nicht zur Minderung des Wettbewerbs? Falls es „zu mächtig" geworden ist, tritt dann an die Stelle öffentlicher (Markt-)Macht nicht eine viel brisantere private Macht? Verschärft die Privatisierung nicht die ohnehin bereits vorhandenen Probleme der Vermögensverteilung?

Schon die lange Liste öffentlicher Unternehmen zeigt, daß es offensichtlich leichter ist, solche Unternehmen zu gründen als sie wieder aufzulösen oder zu verkaufen. Man kann öffentliche Unternehmenspolitik nicht nach der Art eines gemischten Konzerns betreiben und die Zusammensetzung des Konzerns immer nur an den jeweiligen Marktchancen ausrichten. Im föderalistisch organisierten Staat können darüber hinaus Bund, Länder und Gemeinden eine durchaus unterschiedliche öffentliche Unternehmenspolitik betreiben. Sie tun dies auch, einmal aus ihrer unterschiedlichen Aufgabenstellung heraus, zum Teil aber auch wegen unterschiedlicher politischer Auffassungen der jeweils dominierenden Parteien.

Patentrezepte zum Thema Privatisierung gibt es also nicht. Was aber not tut, wäre, nach Art des Subventionsberichts von Zeit zu Zeit zu prüfen, welche Unternehmen die öffentliche Hand besitzt und wie es um die „öffentliche Aufgabenstellung" dieser Unternehmen bestellt ist. Bei unserem föderativen Staatsaufbau darf diese Forderung nicht auf den Bund beschränkt werden, sondern muß für den gesamten öffentlichen Bereich erfüllt sein. Dies könnte dazu beitragen, von Zeit zu Zeit den Bestand zu durchforsten und sich zu bemühen, unternehmerische Engagements auch wieder aufzulösen. Das ist natürlich leichter gesagt als getan; besonders in Zeiten, in denen, wie heute, am Markt für Unternehmen das Angebot und nicht die Nachfrage überwiegt. Dazu kommen Sonderprobleme bestimmter Branchen, aber auch regionalpolitische und sozialpolitische Komponenten. Um nicht mißverstanden zu werden: Ich bin nicht dafür, etwa in einer Privatisierungseuphorie möglichst viele öffentliche Unternehmen zu verkaufen. Erforderlich wäre aber — auch im Interesse der öffentlichen Unternehmen —, zu einer möglichst klaren Linie der öffentlichen Unternehmenspolitik zu kommen. Das „laissez faire", die bloße Wahrung historisch überkommener Besitzstände, führt vielfach zu einer ambivalenten Haltung der einzelnen Gebietskörperschaften gegenüber ihren öffentlichen Unternehmen. „Man" hat Unternehmen, behält sie auch, wagt aber auch nicht, sie in der Aufgabenstellung voll und nachhaltig zu unterstützen — sei es mit ausreichendem Eigenkapital, mit einer liberalen Personalpolitik oder nur mit einer poblizistischen Rückendeckung. Ein typisches Beispiel für ein solches ambivalentes Verhalten ist die Wettbewerbsenquête im Kreditgewerbe aus dem Jahre 1968, in der man sich schließlich bei der Beurteilung der öffentlichen Banken in eine recht formale Betrachtung flüchtet. Der Bund legte die damaligen Maßstäbe bei seinen eigenen Banken aber selbst nicht einmal an.

Gestatten Sie in diesem Zusammenhang noch ein Wort zum menschlichsten aller Aspekte, nämlich zur Personalpolitik der öffentlichen Unternehmen. Nicht nur Affären und Skandale deuten an, daß hier die Achillesferse öffentlicher Unternehmenspolitik zu liegen scheint. Schon das Gehaltsgefälle der Spitzenpositionen in Politik und Verwaltung einerseits und im Unternehmensbereich andererseits löst ständige Anreize aus, Karrieren zu wechseln. Wenn bei einem solchen Funktionswechsel objektive Maßstäbe angelegt werden, ist dagegen nichts zu sagen; es gibt dafür viele positive Beispiele. Leider mangelt es aber auch nicht an negativen Beispielen: Versorgungsgesichtspunkte oder parteipolitische Einflußnahmen sind dann die entscheidenden Kriterien bei der Besetzung von Spitzenpositionen öffentlicher Unternehmen. In wirtschaftlich kritischen Zeiten braucht man dann meist nicht lange auf die Rechnung zu warten. Viele dieser Mängel liegen in der „Natur der Sache" und lassen sich vermutlich nur durch eine besondere öffentliche Aufmerksamkeit in vertretbaren Grenzen halten.

Die notwendige Schlußfolgerung heißt: Die Gebietskörperschaften sollten den Problemen ihrer öffentlichen Unternehmen volle Aufmerksamkeit widmen. Sie müssen Prioritäten setzen, Kriterien für die öffentliche Unternehmenswirtschaft erstellen. Ich gehe nicht so weit, wieder ein eigenes Bundesschatzministerium zu fordern. Wenn aber heute bei der Bundesregierung immerhin 42 Staatssekretäre tätig sind, warum dann nicht auch einer mit der spezifischen Verantwortung für die öffentlichen Unternehmen des Bundes? Sind die Zuständigkeiten in den Ländern überall richtig geregelt? Wird öffentliche Unternehmenspolitik dort aus einem Guß betrieben oder wird nach der Devise verfahren: Jedem seine Spielwiese?

Ich komme zum Fazit: Öffentliche Unternehmen haben in unserer Wirtschaftsordnung eine Berechtigung!

Diese Berechtigung hängt davon ab, ob sie die gesetzten Prämissen einhalten. Öffentliche Unternehmen sind also kein Selbstzweck, sie sollen nicht eine Investitionslenkung des Staates oder Zuteilung von Gütern und Dienstleistungen im Staatsauftrag vornehmen. Sie sollen auf bestimmten, vorher festgelegten Gebieten die wirtschaftliche Leistung steigern indem sie

für die Bevölkerung allgemein einen sonst nicht möglichen Vorteil bringen

oder

private Unternehmen darin anreizen, Leistungen bereitzustellen

oder

für private Unternehmen die Voraussetzung einer Leistung schaffen.

II. Subsidiarität und Privatisierung öffentlicher Unternehmen

Von Gerhard Kienbaum

Ihre 45. Staatswissenschaftliche Fortbildungstagung fällt in eine Zeit, in der nahezu alle öffentlichen Leistungsträger in Deutschland und anderswo vom Pump leben und sprunghaft in die Höhe gestiegene Defizite wachsende Unsicherheit, wenn nicht gar Angst vor der Zukunft ausgelöst haben.

Ich sehe daher meine vorrangige Aufgabe darin, Unsicherheit und Angst als Folge einer vermeintlich nicht zu bändigen Entwicklung abzubauen und den Willen zur Bewältigung unserer Balance-Probleme im öffentlichen Bereich zu stärken. Die öffentlichen Unternehmen bilden einen wichtigen Teil dieses Bereichs.

Beschäftigen muß ich mich aus diesem Grunde wie ein Krisenmanager in einem aus der Kontrolle geratenen Privatunternehmen einerseits

— mit der Bändigung der explodierenden Kosten der öffentlichen Leistungen,

andererseits

— mit dem *Zurückschneiden öffentlicher Aufgaben,* denn sie sind der Auslöser kostspieliger öffentlicher Aktivitäten,

außerdem

— mit der Preisgestaltung für öffentliche Leistungen und mit den Regeln der Bezahlung.

Diese Beschäftigung sollte als Ziel das Herstellen der Urteilsfähigkeit und das Befähigen zur Entscheidung in den Fragen

— Subsidiarität

— Privatisierung

verfolgen.

Ich gehe bei meiner Betrachtung davon aus, daß zu den öffentlichen Unternehmen alle produzierenden, dienstleistenden, verteilenden Leistungsträger im Eigentum der öffentlichen Hände rechnen, z. B.

II. Subsidiarität und Privatisierung öffentlicher Unternehmen   31

— Banken, Sparkassen und Versicherungen
— Verkehrsunternehmen wie Bundesbahn, Bundespost, Regionalverkehrsgesellschaften, Häfen, Flughäfen u. a.
— Ver- und Entsorgungsunternehmen wie Stadtwerke, Müllverbände
— Entwicklungs- und Aufbaugesellschaften
— Industriebetriebe und Generalunternehmer wie Salzgitter, Viag, Diag, Berlin-Consult
— Forschungseinrichtungen
— Krankenhäuser und Kliniken

Ich beziehe auch Leistungsträger wie

— die Arbeitsvermittlung und Berufsberatung
— die Hochschulen
— das „Unternehmen" Streitkräfte
— die Gesellschaft für technisch-wirtschaftliche Zusammenarbeit
— das Büro für Führungskräfte der Wirtschaft
— die Hochschulbau- und Finanzierungsgesellschaft NRW

ein.

Meine langjährige Beschäftigung mit der Philosophie der Mitarbeiter und Führungskräfte in diesen Institutionen hat zu der Erkenntnis geführt, daß — von Ausnahmen abgesehen —

— das Quälen um Wettbewerbs- und Verkaufsfähigkeit ihrer Leistungen in der Rangskala ihrer Beurteilung einen mäßigen, ja abnehmenden Stellenwert einnimmt
— die Notwendigkeit, Fremdkapital durch attraktive Konditionen anzuziehen, fast unbekannt ist
— im Gegensatz zu diesen Kriterien die persönlichen Ansprüche an die arbeitgebenden Institutionen enorm hoch entwickelt sind
— die Anerkennung einer Wechselbeziehung zwischen Ansprüchen und Leistung sowie Arbeitsergebnissen kaum festzustellen ist
— demzufolge die Bereitschaft zu Anpassung an Veränderungen und Flexibilität in den Tätigkeiten wie zum Verzicht auf Besitzstände verkümmern.

Die Anerkennung der aufgeführten Kriterien und ein entsprechendes Handeln betrachte ich allerdings als Voraussetzung für das Wohlergehen des einzelnen wie der Gesellschaft.

Beschäftigen wir uns mit den explodirenden Kosten für die öffentlichen Leistungen sowie ihrer Preisgestaltung. Das Bemühen um ihre Bändigung hat drei Entwicklungstrends zu berücksichtigen:

— die generelle Steigerung der Kosten unserer Volkswirtschaft

— die spezielle, leider überproportionale Steigerung der Kosten für alle öffentlichen Leistungen

— die Bereitschaft zum Verzicht auf angemessene Erlöse für öffentliche Leistungen.

Niemand wird erwarten können, daß im öffentlichen Eigentum stehende Institutionen von generellen Kostenveränderungen unserer Volkswirtschaft verschont bleiben. An einen Ausgleich der allgemeinen Kostensteigerung für die öffentlichen Unternehmen durch schlechtere Vergütung und/oder Abbau der sozialen Gleichbehandlung für die Mitarbeiter in diesen Betrieben kann überhaupt niemand denken.

Zur Bewältigung der Kostensteigerung unserer Volkswirtschaft gibt es daher nur zwei wirksame Möglichkeiten:

— die Begrenzung der Vergütungssteigerungen oder der zeitweilige Verzicht auf solche für alle Beschäftigten

— eine Sprungsteigerung der Produktivität, die ausreicht, um die gesamtwirtschaftliche Kostensteigerung voll auszugleichen.

In der gegenwärtigen Situation, in der der engagierte Mehrleister statt einer Belohnung eine Strafe in Form höherer Belastungen erhält, fehlt allerdings die Motivation für beide Möglichkeiten.

Der Realist wird daher auch auf die theoretisch denkbare Verzichtvariante nicht setzen.

Keinen sachlichen Grund kann ich allerdings erkennen, warum eine Begrenzung der jährlichen Vergütungssteigerungen nicht erreichbar sein sollte. Eigentlich verlangt solches Verhalten lediglich gesunden Menschenverstand.

Die überproportionale Steigerung der Kosten für alle öffentlichen Leistungen ist eine Folge fehlender Produktivität in den öffentlichen Institutionen, genauer ausgedrückt eine Folge des mangelnden Zwangs zur Produktivität und zum Ausgleich der Jahresrechnung.

Wir haben uns daran gewöhnt, daß

— öffentliche Institutionen die Balance zwischen Einnahmen und Ausgaben nicht schaffen, daß öffentliche Unternehmen mit Verlust arbeiten

II. Subsidiarität und Privatisierung öffentlicher Unternehmen

— trotz dieser Ergebnissituation den öffentlichen Institutionen und Unternehmen immer weitere, neue Kosten verursachende Leistungen zusätzlich aufgebürdet werden

— sogar vom Verzicht auf Einnahmen durch sogenannte „Nulltarife" gefaselt wird.

Es ist daher an der Zeit, den Unterschied herauszuarbeiten, der die Szene in unserer heutigen gesellschaftlichen Denkverfassung für die Produktion einer Leistung

— in einem öffentlichen Unternehmen

— in einem alternativen privaten Unternehmen

bestimmt.

Öffentliche Unternehmen werden in einem erschreckenden Umfang ohne die erforderliche Ausstattung mit haftendem Kapital gelassen. Sie werden auf Kredite verwiesen, die zu verbürgen sind, kontinuierlich Geld kosten und selten aus eigener Kraft zurückgezahlt werden können.

Statt für jede Leistung angemessene Erlöse zu verlangen, verschmelzen die Eigentümer verlustbringende Produktionszweige mit solchen, die gute Ergebnisse aufweisen und schleppen den Verlustbringer durch.

Öffentliche Unternehmen trachten häufig genug sogar nach Abbau des leistungstreibenden Wettbewerbs.

Geschäftsführungen wie Mitarbeiter und ihre Gruppenvertretungen bemühen sich, die Risiken beruflicher Arbeit in öffentlichen Unternehmen über die gesetzlichen Grundlagen der Privatwirtschaft hinaus von sich abzuwälzen.

Bei strukturellen Anpassungen werden sie häufig von Politikern behindert. In einem solchen Arbeitsumfeld kann keine Motivation zu mehr Leistung oder Abbau des Aufwands gedeihen. Die Produktivität kann nicht zunehmen. Wer leistet, wird zum Dummkopf abgestempelt.

Es gibt nicht einmal mehr Sorge um die Verkaufsfähigkeit der Produkte. Bei Verlusten hat der öffentliche Träger anzutreten.

Er sorgt „selbstverständlich" auch für die Sicherung der Liquidität wie der Arbeitsplätze — notfalls durch Pump.

Wohin ein solches Leitbild führt, zeigen

— Italien

— Großbritannien

— Schweden,

zeigt auch die Stadt New York.

Aber wir brauchen gar nicht im Ausland nach Beispielen und Folgerungen zu suchen.

Im öffentlichen Eigentum stehende deutsche Generalunternehmer unterbieten sich beim Wettbewerb um internationale Aufträge, z. B. den Moskauer Olympiaflughafen, im Vertrauen auf das Geld der Steuerzahler, ohne daß die Verantwortlichen ein Risiko trifft.

Die Arbeitsverwaltung unterhält ein Büro für Führungskräfte in Frankfurt, dessen Leiter den Wettbewerb mit freien Berufen sucht und auf dem komfortablen Polster der Finanzierung durch ein Bundesamt grob verfälscht. Sein eigener Risikobeitrag ist null.

Noch frappierender sind Daten der Bundesbahn und der Bundespost wie des öffentlichen Unternehmens „Hochschulen".

Die Zahl der Studenten stieg von 1964 bis 1973 — also in einem Jahrzehnt um 88 %. Das Lehrpersonal nahm um 106 % — wahrscheinlich noch zu knapp — zu. Exorbitant aber stiegen die Personalkosten — nämlich um 395 %, weil es keine Leistungs/Kosten-Maßstäbe oder gar ergebnisorientierte Vergütungen gibt. Dabei bilden die Personalkosten nur ein — wenn auch wichtiges — Segment der Gesamtkostenstruktur.

Verantwortliche sind nicht zu finden.

In Berlin macht ein staatlicher Porzellanproduzent Verlust. Da er im öffentlichen Besitz steht, erhält er eine mit Beziehungen ausgestattete unqualifizierte Geschäftsführung. Die Zahlpflicht liegt beim Bürger.

Verkneifen kann ich mir auch nicht die Erwähnung der Helaba: $3,3 \times 10^9$ DM Verlust — und unter welchen Umständen!

Wie erfreulich heben sich von diesem Katalog der Mißwirtschaft die Ergebnisse der Lufthansa, der meisten Energieunternehmen und einiger Banken im öffentlichen Besitz ab.

Allerdings handeln die Führungen dieser Unternehmen, deren Aufsichtsräten ich mehrere Jahre angehört habe, privatwirtschaftlich. Sie wissen sich der Aufgabe verpflichtet, im Wettbewerb zu bestehen und gerade deshalb Gewinn zu erzielen.

Ein Privatunternehmen kann nicht überleben, wenn es keinen Gewinn erzielt. Seine Führung muß Leistungen zu vom Markt akzeptierten Preisen verkaufen und die Kosten soweit bändigen, daß ein positives Ergebnis zwischen Erlös und Kosten verbleibt.

Seine Führung kann Vergütungen nur steigern, wenn die Produktivität steigt. Das wird ihr nur gelingen, wenn sie die Arbeit im Unternehmen für Mitarbeiter und Kapitalgeber attraktiv macht.

II. Subsidiarität und Privatisierung öffentlicher Unternehmen

Entscheidende Unterschiede also zwischen privaten und öffentlichen Unternehmen von heute.

Mit diesen Feststellungen wird die Frage nach der Berechtigung öffentlicher Unternehmen zurückgeführt auf die Frage nach dem Funktionieren unseres Wirtschaftssystems und seiner Rahmenbedingungen im Bereich der öffentlichen Unternehmen.

Es wird zurückgeführt auf die Frage, ob die Köpfe der Führung in öffentlichen Unternehmen sich ändern werden, wenn die Zahlen sich nicht verbessern.

Schließlich entscheidend ist, ob das öffentliche Unternehmen in unserem System derzeit unter gleichen Bedingungen arbeitet wie das private.

Leider kann ich beide Fragen nicht mit ja beantworten. Die gesellschaftlichen Strömungen unserer Tage haben den Leistungszwang im Wettbewerb verwässert, seitdem es uns besser und besser geht. Das zeigt sich speziell im öffentlichen Bereich. Heute fordern wir mehr als wir erwirtschaften, leben über unsere Verhältnisse. Die maßlose Steigerung der Vergütungen und die Explosion der Sozialkosten werden durch erhöhte Produktivität nicht mehr ausgeglichen. Mißwirtschaft wird kaum geahndet. Die öffentlichen Unternehmen tragen diesen Prozeß.

Die Dämme könnten brechen, wenn wir keine Änderung bewirken, denn der Staatsanteil am Verbrauch unserer wirtschaftlichen Leistung steigt und steigt, z. B. von 37 % in 1969 auf 48 % in 1975, und der Anteil der Mitbürger, die die Volkswirtschaft tragen, *wird kleiner*.

Die Änderung muß nun keineswegs unausweichlich Privatisierung sein, wenn öffentliches Wirtschaften dem Zwang zur Rationalisierung und Leistungserhöhung wieder unterworfen würde.

Doch wer darf daran glauben, solange Parlamente und Räte das Geld für öffentliche Aufgaben nicht knapper halten als bisher; und ob eine solche „Reform" eine Chance erhält, wird frühestens der Steuer- und Stimmbürger von 1980 entscheiden.

Wollte man das öffentliche Wirtschaften diesem Zwang aussetzen, dann gäben Struktur, Organisationselemente und Methoden der Führung privater Unternehmen durchaus vielfältige Möglichkeiten zu grundlegenden Veränderungen mit frappierenden Ergebnissen.

Die Praxis der Produktion von Gütern und Leistungen hat erwiesen, daß Veränderungen, die den Wettbewerb verschärften, in der Privatwirtschaft stets neue Problemlösungen zur Folge hatten, unter denen der Bürger nach seinen Nutzenvorstellungen wählen konnte.

Selbst Führungsinstrumente wurden weiterentwickelt.

Zu den stets erfolgreichen Maßnahmen der Privatwirtschaft zählen u. a.

- Infragestellen der Geschäftsziele
- eindeutige Definition und Abgrenzung von Aufgabenstellung und Geschäftspolitik
- Schaffung übersehbarer Führungseinheiten mit Kongruenz der Abgrenzung von Verantwortung und Zuständigkeit
- Freiheit in der Marktanpassung wie in der Preisgestaltung für Produkte und Leistungen
- Installation eines zeitnah operierenden Systems für Gewinnsteuerung und Motivation der Mitarbeiter
- Entlastung des Führungsprozesses von Verwaltung und Ausführung
- Freiheit in der Gestaltung der Arbeitsabläufe und in den eingesetzten Technologien.

Wer möchte behaupten, daß solche Grundsätze bei den öffentlichen Unternehmen ausreichend verwirklicht sind?

Die Frage nach der Privatisierung — um die Zahlungsunfähigkeit unserer öffentlichen Hände zu vermeiden — stellt sich nicht nur für die Müllabfuhr und die Gebäudereinigung.

Die Frage nach der Privatisierung ist zugleich die bewußte Frage nach der Rangstellung des Gewinnstrebens in unserer Wirtschaft und Gesellschaft. Unseren heutigen Leistungsstand verdanken wir der freien Entfaltung privater Aktivitäten, verbunden mit der Befreiung von Wettbewerbsverzerrungen für die Arbeitsteilung.

Es erscheint mir daher höchst verdienstvoll, daß die diesjährige Tagung Raum gibt für Provokation und Auseinandersetzung.

Ich möchte mich auseinandersetzen über den richtigen Weg in das Deutschland von morgen.

Deshalb gestatten Sie mir eine Zusammenfassung in der Form von Thesen:

1. Der Mensch ist von Natur aus nicht leistungsbereit.
2. Seine Leistungsbefähigung bedarf der Motivation zur Entfaltung.
3. Die Entfaltung braucht Freiheitsräume in Ausbildung, Beruf, Arbeit, Einkommen und Verwendung.

   Dazu gehört der Freiheitsraum des Unternehmens, den das öffentliche Unternehmen in aller Regel nicht ausschöpfen kann.

II. Subsidiarität und Privatisierung öffentlicher Unternehmen

4. Der Staat kann Freiheitsräume schaffen durch Verfassung, Gesetze und ihre Handhabung.
5. Bei uns wurden sie geschaffen. Wir sollten Sorge dafür tragen, daß sie ausgebaut und nicht eingeengt werden.
6. Ich folgere aus diesen Feststellungen, daß die heutige Wirtschaftstätigkeit des Staates und der öffentlichen Hände zurückzuführen ist, weil diese Tätigkeit die Freiheitsräume begrenzt, den Wettbewerb verzerrt und die Dynamik wirtschaftlicher Entwicklung bremst.

Wir Deutsche aber brauchen Dynamik und Absatz in aller Welt besonders dringend.

Wie in den zurückliegenden Jahrzehnten aus kommunalen Eigenbetrieben privatrechtliche Gesellschaften im Besitz von Kommunen wurden, kann die Entwicklung von Stufe zu Stufe über gemischtwirtschaftliche Formen zu Kapitalgesellschaften im Streubesitz des Publikums führen. Bei Elektrizitätsgesellschaften ist er seit Jahren in Gang gekommen.

Bei guter Führung der Geschäfte wird der Nachfrager mit den Leistungen zufrieden sein und der Kapitalgeber gute Erträge bekommen.

Wenn die Erträge ausbleiben, ist das kein Anlaß zur Übernahme in den öffentlichen Besitz, sondern zum Wechsel der Führung oder zum Sterben.

Es gibt viel Kapital, das sinnvolle Anlage sucht und ganz bestimmt in unserer Zeit keinen Grund, der den deutschen Staat veranlassen könnte, seine Wirtschaftstätigkeit auszuweiten. Beamte können nicht besser wirtschaften als Unternehmer.

Unsere Wirtschaft braucht speziell in Risiken gestählte Unternehmer, unsere Unternehmer eine Wirtschaftspolitik, die Chancen bietet.

In unserer heutigen, auf den Weltmarkt ausgerichteten Produktion können uns öffentliche Unternehmen nur ganz wenig helfen.

Deshalb sollten wir nicht zögern, den Prozeß der Privatisierung alsbald in Gang zu setzen!

III. Plenumsdiskussion zum Referat von Gerhard Kienbaum geleitet von Günter Püttner

Berichterstatter: Albrecht Graf von Ingelheim

Ministerialrat Dr. Helmut *Meier*, Bundesrechnungshof, Frankfurt, drückte sein Erstaunen über die Einbeziehung der Bundeswehr in den Kreis der öffentlichen Unternehmen aus, plädierte andererseits dafür, öffentlich-rechtliche Rundfunk- und Fernsehanstalten sowie Theater-, Gartenbau- und Druckereibetriebe als öffentliche Unternehmen zu behandeln. Besonders im Bereich des Druckereiwesens würden sich die öffentlichen Verwaltungen zunehmend betätigen, da — so behauptet man — private Druckereien nicht mehr uneingeschränkt leistungsfähig seien. Diese hinwiederum müßten öffentliche Aufträge zu nicht kostendeckenden Preisen erledigen. Die Folge sei der Ausfall weiterer privater Druckereien mit dem Ergebnis, daß die öffentliche Hand ihre Druckereikapazitäten ausweite.

Staatsminister a. D. Dipl.-Ing. Gerhard *Kienbaum*, Beratungsgruppe Kienbaum, Düsseldorf, griff das Beispiel der Druckereien auf und verwies auf die neuen Technologien im graphischen Sektor, die erhebliche Umstellungsinvestitionen erforderten, wobei das dafür notwendige Kapital häufig nicht vorhanden sei. Das gebe der öffentlichen Hand indessen nicht das Recht, diese Investitionen selbst zu tätigen.

Der Diskussionsleiter, Professor Dr. Günter *Püttner*, Hochschule Speyer, bemerkte dazu, daß die Druckereien der öffentlichen Hand scheinbar kostengünstiger arbeiteten. *Kienbaum* erklärte dies mit dem im Vergleich zur Privatwirtschaft unterentwickelten Rechnungswesen der öffentlichen Verwaltung.

Zu den ältesten Vermögenswirtschaften des Staates zähle die Forstwirtschaft, führte Oberforstmeister Freiherr von *Eynatten*, Hachenburg, aus. Die Langfristigkeit der Maßnahmen, sowie die zunehmende Bedeutung der Wohlfahrtswirkungen neben der Rohstoffunktion des Waldes rechtfertigten den mit 75 Prozent der gesamten Waldfläche der Bundesrepublik Deutschland veranschlagten Besitz der Gebietskörperschaften.

Stadtdirektor Dr. Rüdiger *Michaelis*, Wunstorff, forderte trotz Kostenunterdeckung das Weiterbestehen kommunaler Einrichtungen wie etwa der Theater, da kulturelle Leistungen von der öffentlichen Hand angeboten werden müßten. *Kienbaum* wollte die Arbeitsweise dieser Betriebe geändert wissen. Dr. Diedrich *Budäus*, Universität Hamburg, lehnte den Gewinn als einzige Steuerungsgröße in unserem Wirtschaftssystem ab. Zur Erfüllung der sozialen Komponente sollten die öffentlichen Unternehmen stärker herangezogen werden, da kostendeckende Entgelte unerwünschte Umverteilungseffekte zur Folge haben könnten. *Kienbaum* widersetzte sich einer Vermengung der sozialen mit den wirtschaftlichen Ergebnissen und forderte einen offenen Einzelausweis der Vergütungen für Leistungen mit hohem Sozialanteil, mit dem unter anderem die Umverteilungseffekte sichtbar gemacht werden könnten. *Kienbaum* hielt in diesem Zusammenhang die Beförderungspflicht der Bundesbahn für überdenkenswert.

Helmut *Zischke*, Landschaftsverband Rheinland, Köln, fragte nach der Grenzlinie zwischen öffentlicher und privater Aufgabenerfüllung und einer eventuellen Verbindung beider. *Kienbaum* wollte die privatwirtschaftlichen Möglichkeiten und Instrumente in die öffentliche Aufgabenerfüllung einbeziehen. Er dachte besonders an Einmalaufgaben wie Investitionen, die die öffentliche Hand genauso kritisch prüfen solle wie es in der Privatwirtschaft geschieht. Hier wies *Püttner* auf den Vortrag von *Geiger* hin, der in der Tätigkeit öffentlicher Unternehmen eine Voraussetzung privaten Wirtschaftens sieht.

Dr. Achim von *Loesch*, Bank für Gemeinwirtschaft, Frankfurt, zeigte an Hand der mit zunehmender Unternehmensgröße wachsenden Bürokratisierung eine ähnlich gelagerte Problematik in öffentlichen und privaten Unternehmen auf. Genauso verhalte es sich mit der Managementauslese; seien es bei öffentlichen Unternehmen zum Teil die Gebietskörperschaften und politischen Parteien, die zweckdienliche Personalpolitik erschwerten, so treffe man bei Privatunternehmen auf Eigentümer, die Familienmitgliedern den Vorrang gäben. Von *Loesch* forderte für öffentliche Unternehmen den zusätzlichen Ausweis gemeinwirtschaftlicher Lasten und sozialer Leistungen sowie mehr Autonomie insbesondere in der Preisgestaltung.

Kienbaum beantwortete die Frage von Dr. Joseph *Altmann*, Physikalisch-Technische Bundesanstalt, Braunschweig, nach dem Zeitpunkt der Übernahme eines Unternehmens bzw. Leistungsangebots in öffentliche Hände mit dem Hinweis auf die Trennung von Hoheits- und Leistungsaufgabe. So habe der Gesetzgeber beispielsweise bei der Hoheitsaufgabe „Umweltschutz" die Rahmenbedingungen zu setzen unter denen die Wirtschaft betrieben werde. Die Überwachung der Einhaltung von Rahmenbedingungen sei in diesem Fall Hoheitsaufgabe. Daran knüpfte *Kienbaum* die Forderung, daß das Rechnungswesen der leistenden Verwaltung in Richtung des in der Privatwirtschaft angewandten entwickelt werden sollte, um klare Aussagen über Zustand und Ziel treffen zu können. Endlich hindere — so *Kienbaum* — das Prinzip der Besitzstandswahrung eine erfolgsorientierte Personalpolitik.

Ministerialrat Dr. Fritz *Knauss*, Bundesministerium der Finanzen, Bonn, erläuterte die Kriterien, die nach seiner Auffassung zu einer Verbesserung der Unternehmenspolitik industrieller Bundesbeteiligungen führten. Auf Veranlassung des Bundesfinanzministers wurden die Leistungsanforderungen an Vorstände erhöht, Aufsichtsräte durch Sachkunde aus der Wirtschaft verstärkt, eine mehrjährige Unternehmensplanung veranlaßt und in regelmäßigen Abständen die geschäftspolitischen Leitlinien in Frage gestellt. Am Ende seiner Ausführungen wollte er wissen, wer der Partner einer eventuellen Privatisierung sein sollte, da am Beteiligungsmarkt zur Zeit ein Überangebot vorhanden sei. *Kienbaum* betonte, daß in der derzeitigen Wirtschaftssituation die Erträge nicht ausreichen, Aktien attraktiv zu machen und führte dies auf eine überzogene Umverteilungspolitik zurück.

Professor Dr. Peter *Eichhorn*, Hochschule Speyer, verwies darauf, daß in Einzelfällen private Unternehmen, die sich am Markt nicht behaupten können, von öffentlichen Händen wegen höherrangiger Interessen subventioniert werden müßten und daß öffentliche Unternehmen dort, wo der Markt nicht funktioniere, eine Daseinsberechtigung und sogar Verpflichtung hätten; dies dürfte aber nicht zu Unwirtschaftlichkeit aufgrund fehlender Marktkontrolle führen.

Kienbaum rechtfertigte ein Eingreifen des Staates dann, wenn aus der absehbaren Marktentwicklung entnommen werden könne, daß das Unternehmen gesunden werde. Des weiteren führte er aus, daß das Rechnungswesen allein noch nichts nütze, vielmehr erst die sich aus dem Rechnungswesen ergebenden Budgetierungen und Planungen zum Erfolg führten, sofern nicht von außen (z. B. von Gemeindevertretungen) in die Unternehmensentscheidungen hineinregiert werde. Professor Dr. Walter *Endres*, Freie Universität Berlin, bestätigte den seiner Meinung nach zu starken Einfluß von Politikern auf das Unternehmensgeschehen.

Dr. Jürgen *Müller*, Internationales Institut für Management und Verwaltung, Berlin, sah im Eingriff des Staates in den Markt Gefahren, die zum Marktversagen führen können. Er unterbreitete drei Vorschläge um den Effizienzdruck auf öffentliche Unternehmen langfristig zu sichern: Das Kostendeckungsprinzip soweit wie möglich zu beachten, auf die interne Subventionierung zu verzichten und die Erfolgskontrolle zu verbessern. *Kienbaum* schloß mit dem allgemein gültigen Grundsatz der Rationalisierung: Es gibt immer einen besseren Weg.

B. Aufgabenerfüllung öffentlicher Unternehmen

I. Der öffentliche Auftrag der Deutschen Bundespost

Von Ernst Herrmann

1. Erteilung der öffentlichen Aufträge

Die Deutsche Bundespost (DBP) ist staatsrechtlich als ein weitgehend verselbständigter Teil der Bundesverwaltung eingerichtet worden. Volkswirtschaftlich stellt sie sich als öffentliches Unternehmen dar. Öffentliche Unternehmen werden gegründet und betrieben, um öffentliche Aufträge auszuführen. Diese Aufträge können sie sich nicht selbst stellen, sondern sie werden ihnen von ihrem jeweiligen Obersystem, hier von der Bundesrepublik und ihren Organen, erteilt.

In allgemeinster Form sind die Aufträge in der Unternehmensverfassung der DBP, dem Postverwaltungsgesetz von 1953, niedergelegt. Einschlägig sind die §§ 1 Abs. 2, 2 Abs. 1 bis 3, 15 Abs. 1 und 21 Abs. 1. Man wird zu den gesetzlich erteilten Aufträgen auch noch den § 2 des Bundespersonalvertretungsgesetzes zählen müssen.

Diese Aufträge — oder Oberziele — kann man vier Kategorien zuordnen, die mit Leistung, Erhaltung, Gesellschaftsförderung und Mitarbeiterförderung schlagwortartig benannt werden sollen. Inhaltlich sind die Aufträge wie folgt zu beschreiben:

a) Leistungsauftrag

Die DBP hat den Bedarf an Post- und Fernmeldeleistungen in der Bundesrepublik Deutschland den Anforderungen des Verkehrs entsprechend zu decken. Die Höhe der Gebühren dafür muß in angemessenem Verhältnis zu dem wirtschaftlichen Wert der Dienstleistungen stehen.

b) Erhaltungsauftrag

Die DBP hat so zu wirtschaften, daß die Erträge die Aufwendungen einschließlich ihrer Ablieferung an den Bund decken. Sie erhält keine Zuschüsse aus dem Bundeshaushalt. Sie muß von ihren Betriebseinnahmen $6^2/_3$ v. H. an den Bund abliefern ohne Rücksicht darauf, ob sie mit Gewinn oder mit Verlust abgeschlossen hat.

c) Auftrag zur Gesellschaftsförderung

Die DBP muß sich nach den Grundsätzen der Politik der Bundesrepublik Deutschland, insbesondere der Verkehrs-, Wirtschafts-, Finanz- und Sozialpolitik, richten. Sie hat den Interessen der deutschen Volkswirtschaft Rechnung zu tragen.

d) Auftrag zur Mitarbeiterförderung

Die Leitung des Unternehmens DBP hat mit dem Sozialpartner vertrauensvoll zum Wohle der Beschäftigten und zur Erfüllung der obliegenden Aufgaben zusammenzuarbeiten. Daraus folgt, daß sie ihren Mitarbeitern leistungsgerechte und menschenwürdige Arbeitsbedingungen zu bieten hat.

Es ist eine naturwüchsige Eigenschaft aller leistungsorientierten Sozialsysteme, daß sie Leistungs-, Erhaltungs-, Gesellschafts- und Mitgliederziele anstreben. Die Ähnlichkeit dieses Zielquadrupels zu den vier volkswirtschaftlichen Zielen Wachstum, Stabilität, Außenwirtschafts-Gleichgewicht und Vollbeschäftigung ist augenfällig. Jeder der vier Aufträge ist auf ein selbständiges Oberziel bezogen. Es ist deshalb nicht möglich, von vornherein Prioritäten unter den vier Aufträgen festzusetzen. Der Mitarbeiterauftrag wird durch Art. 1 Abs. 1 GG gestützt in der Interpretation des Kantschen Sittengesetzes, wonach „jedes vernünftige Wesen sich selbst und alle anderen niemals bloß als Mittel, sondern jederzeit zugleich als Zweck an sich selbst behandeln solle".

Vom Gesetzgeber sind die Aufträge sehr allgemein formuliert. Sie bedürfen der Konkretisierung. Diese Konkretisierung wird in einer ersten Stufe von Instanzen vorgenommen, die eine Zwischenstellung zwischen dem öffentlichen Träger und dem Unternehmen selbst einnehmen. Das sind

— der Bundesminister für das Post- und Fernmeldewesen, der Leiter des Unternehmens und Mitglied des Kabinetts ist. Er ist bei einer Anzahl von besonders wichtigen Entscheidungen an das Einvernehmen der Bundesminister für Wirtschaft, der Finanzen oder des Innern gebunden.

I. Der öffentliche Auftrag der Deutschen Bundespost

— der Verwaltungsrat der Deutschen Bundespost, der aus Vertretern des Bundestages, des Bundesrates, der Gesamtwirtschaft und des Personals der DBP besteht.

Die zweite Stufe der Konkretisierung muß auf allen Führungsebenen des Unternehmens selbst vorgenommen werden. Die Führungskräfte der DBP müssen, um zu praktischen Maßnahmen zu kommen, die Konflikte austragen und entscheiden, die notwendigerweise zwischen Aufträgen entstehen, die erstens im Kundeninteresse, zweitens im Eigeninteresse, drittens im Gesellschaftsinteresse und viertens im Mitarbeiterinteresse erteilt worden sind.

2. Erfüllung der öffentlichen Aufträge

a) Leistungsauftrag

Die DBP hat eines der besten elektrischen Kommunikationsnetze der Welt aufgebaut. Sie hat jetzt knapp 60 % aller Haushalte mit Fernsprechanschlüssen versorgt und strebt bis 1985 eine Vollversorgung (ist gleich 90 bis 95 % aller Haushalte) an. Dafür waren bisher Investitionen erforderlich, die etwa einem Fünftel aller Investitionen der deutschen Industrie entsprechen. Die Gebühren für die Fernmeldeleistungen unterliegen bisweilen der Kritik. Eine sorgfältige Untersuchung hat ergeben, daß die deutschen Fernsprechgebühren im Mittelfeld des Gebührenniveaus vergleichbarer Länder liegen.

Die DBP arbeitet in vorderer Linie an der Untersuchung, Entwicklung und Erprobung neuer Kommunikationstechniken. In Stichworten seien erwähnt:

das elektronische Wählsystem

das elektronische Datenübertragungssystem,

die Versuchsprojekte Kabelfernsehen, Videotext und Bildschirmtext sowie

das europaweite Projekt zum Abruf aus einem Netz wissenschaftlicher Informationsbanken (Euronet).

Auf der Postseite werden die klassischen Dienste geleistet. Es ist zuzugeben, daß in letzter Zeit die Betriebsgüte hinsichtlich Schnelligkeit und Zuverlässigkeit der Übermittlung von Sendungen nicht immer befriedigt hat. Das Unternehmen unternimmt z. Z. alle Anstrengungen, die alten Standards wieder zu erreichen.

b) Erhaltungsauftrag

Die DBP hat, wie das Gesetz es befiehlt, keine Zuschüsse aus dem Bundeshaushalt erhalten. Sie hat im Gegenteil seit 1948 20 Milliarden DM an den Bundeshaushalt abgeliefert. Im Saldo der Jahre sind ihre Gewinne und ihre Verluste ausgeglichen. Ihr Eigenkapital war als Folge von Verlusten zeitweise bis auf 12 %/o gesunken. Es beträgt jetzt 26 %/o, ein Anteil, der auch bei Großunternehmen in der Wirtschaft nicht aus dem Rahmen fallen würde.

Sorge bereitet die Auseinanderentwicklung des Postwesens und des Fernmeldewesens. Im Jahr 1975 stand einer Kostenunterdeckung im Postwesen von 2,5 Milliarden DM eine Kostenüberdeckung im Fernmeldewesen von 3 Milliarden DM gegenüber. Wenn es nicht gelingt, diese Schere wieder zu schließen, bestehen Gefahren für die Fortexistenz eines Unternehmens, das den großen Vorteil hat, das Post- und das Fernmeldenetz unter einem Dach zu vereinen.

c) Auftrag zur Gesellschaftsförderung

Zur Unterstützung der Gesellschaftspolitik der Bundesregierung werden von dem Unternehmen Leistungen sehr vielfältiger Art erbracht. Hauptpunkte dabei sind:

Sozialpolitik:

Gebührenvergünstigungen für schwerbehinderte Teilnehmer und einkommensschwache Haushalte.

Konjunkturpolitik:

Konjunkturpolitische Rücksichten bei Gebührenmaßnahmen, Investitionen und Inanspruchnahme des Kapitalmarktes.

Strukturpolitik:

Gleiche Gebühren für alle Beförderungsbeziehungen trotz unterschiedlicher Kosten.

Informationspolitik:

Angebot eines Postzeitungsdienstes zu Gebühren, die weit unter den Selbstkosten liegen (Kostenunterdeckung 1975: 574 Mill. DM).

Integrationspolitik:

Niedrige Auslandsgebühren in Länder der EG.

Bildungspolitik:

Angebot von Tausenden von Ausbildungsplätzen über den eigenen Bedarf.

d) Auftrag zur Mitarbeiterförderung

Die Beschäftigten der DBP sind Angehörige des öffentlichen Dienstes, mehr als die Hälfte von ihnen sind Beamte. Dieses Beschäftigungsverhältnis kommt den menschlichen Grundbedürfnissen nach Sicherheit, Anerkennung und sozialem Status stark entgegen. Der Entlohnungsrückstand des öffentlichen Dienstes früherer Jahre ist aufgeholt. Auch den Nicht-Beamten wird ein Arbeitsplatz garantiert.

Das Unternehmen verfügt über vorbildliche Sozialeinrichtungen und gewährt den Beschäftigten einen weit ausgebauten Rationalisierungsschutz.

Wichtiger als das Vorgenannte erscheint aber, daß die DBP mit ihrem Sozialpartner (den Personalvertretungen und Gewerkschaften) Formen der Information, der Konsulation, der Beratung und Beteiligung eingeführt hat, die weit über das Maß des in der Privatwirtschaft Üblichen hinausgehen. Man kann hier von der Erprobung eines Sozialmodells sprechen, die nur in einem öffentlichen Unternehmen möglich ist. Die Partner mögen aus ihrer rollenspezifischen Stellung heraus mit den Versuchsergebnissen nicht allenthalben zufrieden sein. Es müssen Lernprozesse auf beiden Seiten absolviert werden. Es besteht aber die Chance, daß vom Unternehmen ein zukunftsträchtiger Beitrag zur Formenwelt sozialer Kooperation geleistet wird.

3. Handlungsspielraum bei der Auftragserfüllung

Die erteilten öffentlichen Aufträge werden vom Unternehmen in bestimmter Weise konkretisiert und erfüllt. Bei jeder einzelnen Maßnahme hätte das Unternehmen auch andere Möglichkeiten gehabt, den gesetzten Zielen gerecht zu werden. Wie groß ist der Handlungsspielraum des Unternehmens? Die Beantwortung der Frage hängt stark von der Interpretation ab, die der Auftrag zur Eigenwirtschaftlichkeit — der Auftrag, daß die Aufwendungen durch selbsterwirtschaftete Erträge gedeckt werden müssen — erfährt.

a) Eigenwirtschaftlichkeit als eherne Randbedingung

Wenn man den Auftrag der Eigenwirtschaftlichkeit als unbedingt verbindliche Maxime für die Unternehmensführung ansieht, ist er den anderen Aufträgen übergeordnet. Alle anderen Aufträge können nur in dem Rahmen erfüllt werden, den die Ertragskraft des Unternehmens gestattet. Ein Handlungsspiel hat das Unternehmen in zwei Dimensionen.

— Es kann in den Grenzen der erwarteten Erträge innerhalb einer Auftragsgruppe oder auch zwischen den Auftragsgruppen die Gewichte anders verteilen. Es kann jeweils zu Lasten aller anderen Interessen das Kundeninteresse oder das Eigeninteresse oder das Gesellschaftsinteresse oder das Mitarbeiterinteresse stärker betonen. Die realisierte Gewichtsverteilung stellt eine Entscheidung des Unternehmens dar, daß so und nicht anders der höchste Gesamtnutzen erreicht wird. Da operationale Verfahren zur Bewertung des Gesamtnutzens von der Wissenschaft noch nicht zur Verfügung gestellt worden sind, kann diese Entscheidung nur auf dem Wertgefühl der maßgebenden Kräfte der Unternehmensleitung beruhen. Die Wirklichkeit würde aber verfälscht, wenn man den Anteil an Entscheidungen übersieht, der ohne ausreichende Nutzenabwägung allein von dem politischen und gesellschaftlichen Druckgefüge bestimmt wird, in dem sich das Unternehmen befindet.

— Das Unternehmen kann seinen Handlungsspielraum vergrößern, indem es das Ertrag-Aufwand-Verhältnis verbessert. An erster Stelle steht hier das fortwährende Bemühen zur Kostensenkung durch eine Rationalisierung der Betriebsabläufe. Bereits an zweiter Stelle steht aber die Erhöhung der Erträge durch eine Anhebung der Gebühren. An einer solchen Entscheidung sind neben dem Bundespostminister der Bundesminister für Wirtschaft und der Verwaltungsrat der DBP beteiligt. Gebührenerhöhungen schaffen ja nicht nur bessere Möglichkeiten zur Erfüllung der öffentlichen Aufträge, sie beeinträchtigen gleichzeitig die öffentlichen Aufträge zum Angebot preisgünstiger Kommunikationsdienste und zur Unterstützung der Stabilitätspolitik.

In der Praxis verschafft die Stellschraube der Gebühren keine größere Beweglichkeit, als daß damit die jährlichen Lohn- und Gehaltserhöhungen ausgeglichen werden können. Die Gebühren für Dienste, die im Wettbewerb angeboten werden (Paketdienst, Päckchendienst, Gelddienste, Girodienst, Sparkassendienst, Nebenstellenanlagen), müssen sich nach den Marktgegebenheiten richten. Die Gebührenhöhe der Dienste ohne Wettbewerb (Fernsprechdienst, Briefdienst) ist eng begrenzt durch Einflüsse der Politik, der kritischen Öffentlichkeit und der Kunden, die mit ihrem Kommunikationsverhalten auf Änderungen des Gebührenniveaus empfindlich reagieren. Die DBP hat inzwischen ihre Instrumente der Marktbeobachtung und der Marktanalyse so verfeinert, daß sie die Nachfrageelastizität bei Gebührenerhöhungen aller Art gut voraussehen kann.

Die eigene Gebührenphilosophie der DBP besagt: Dem Gesamtnutzen wird am besten Rechnung getragen, wenn die Gebühren für jeden einzelnen Dienst kostendeckend sind und einen angemessenen Beitrag

I. Der öffentliche Auftrag der Deutschen Bundespost 47

zur Selbstfinanzierung erwirtschaften. Die Folge dieser Philosophie ist, daß die Gebühren im Postwesen schrittweise an den Kostendeckungsgrad herangebracht werden müssen und daß im Fernmeldewesen das Gebührenniveau — vorrangig durch Stabilisierung der Nominalhöhe — zu senken ist.

b) Eigenwirtschaftlichkeit als Auftrag unter anderen

Man kann allerdings auch den Auftrag zur Eigenwirtschaftlichkeit als nur gleichgeordnet mit den anderen Aufträgen ansehen. Bei einem Auftragskonflikt ist nach der Regel des höchsten Gesamtnutzens zu entscheiden, ob man dem Gebot zum eigenen Ausgleich der Aufwendungen oder einem anderen Gebot folgen soll. Im Laufe der Zeit ergeben sich dann zwangsläufig Verluste, die das Unternehmen aus eigener Kraft nicht wieder aufholen kann. Es bleibt nach dem Verzehr des Eigenkapitals dem Träger des öffentlichen Unternehmens nichts anderes übrig, als aus Haushaltmitteln die Verluste zu decken, auch wenn eine solche Deckung ausdrücklich ausgeschlossen war, wie das im Postverwaltungsgesetz geschehen ist.

Die Rechtmäßigkeit eines solchen Verhaltens soll hier nicht näher geprüft werden. Es möge genügen, daß diese Strategie „der Hinnahme von Verlusten in guter Absicht" praktisch möglich und von anderen öffentlichen Unternehmen vorexerziert worden ist. Auch muß bezweifelt werden, ob die Kontrollmechanismen, die in der Genehmigung des Voranschlags durch andere Instanzen (Finanzminister, Verwaltungsrat) liegen, im kritischen Fall wirklich funktionieren. Das Unternehmen schätzt ja die Höhe seiner voraussichtlichen Einnahmen und Ausgaben selbst ab und findet immer Unterstützung bei den Gruppen, die durch Maßnahmen zu Lasten des wirtschaftlichen Gleichgewichts begünstigt werden.

Die DBP will diese Strategie unter keinen Umständen anwenden.

Aus vier guten Gründen:

— Staatspolitischer Grund

Durch den faktischen Zwang zum Ausgleich der Verluste wird der Gesetzgeber zu Vorab-Zuteilungen aus dem Haushalt veranlaßt. Er wird insoweit aus seiner Entscheiderrolle verdrängt. Das öffentliche Unternehmen befindet gleichsam selbst darüber, daß seinen Leistungen im Umfang der Verluste der Vorrang vor anderen öffentlichen Leistungen (Ordnungsleistungen, Sicherheitsleistungen, Bildungsleistungen, Gesundheitsleistungen, Sozialleistungen) einzuräumen ist. Die mit dem Haushalt verbundenen Nutzenentscheidungen hat aber nach unserer Verfassung das Parlament zu treffen. Sie dürfen nicht von defizitären Staatsunternehmen vorweggenommen werden.

— Volkswirtschaftlicher Grund

Derjenige, der die Leistungen des öffentlichen Unternehmens in Anspruch nimmt, ist in aller Regel näher daran, für die Kosten dieser Leistungen aufzukommen, als der allgemeine Steuerzahler. Nur durch kostendeckende Gebühren und Preise wird Nachfrage nicht fehlgelenkt und werden Produktionsfaktoren optimal genutzt.

— Betriebswirtschaftliche Gründe

Der Zwang zu ständiger Kostensenkung und laufender Rationalisierung schwächt sich ab, wenn im Unternehmen die Pflicht zum wirtschaftlichen Gleichgewicht gelockert wird. Rationalisierungsvorhaben können nicht ohne Schmerzen im inneren Betrieb und bisweilen auch bei der Kundschaft verwirklicht werden. Die dafür erforderlichen Energien verringern sich erfahrungsgemäß, wenn ein Unternehmen in den Verlust ausweichen kann und dabei noch sein gutes Gewissen behält, da es ja nach wie vor dem gemeinen Nutzen dient. Die Folge ist ein weiteres Zurückfallen der öffentlichen Unternehmen in ihrer Effizienz gegenüber den Privatunternehmen.

— Gesellschaftspolitischer Grund

Öffentliche Unternehmen haben Teil an den Schwierigkeiten des Staates, sich gegenüber den politischen Gruppierungen und den Interessenverbänden durchzusetzen. Nur mit der Mauer des Zwangs zum wirtschaftlichen Gleichgewicht bleiben öffentliche Unternehmen stark genug, Forderungen abzuwehren, die sich mit dem gemeinen Nutzen tarnen, obwohl sie nur Gruppeninteressen dienen.

Bei einer Weiterentwicklung der Postverfassung ist die DBP deshalb bestrebt, den Grundsatz des wirtschaftlichen Gleichgewichts beizubehalten, ihn im Gegenteil präziser zu formulieren. In einem in der 7. Wahlperiode des Deutschen Bundestags eingebrachten Gesetzentwurf heißt es deshalb:

„(1) Die Deutsche Bundespost ist so zu leiten, daß die Erträge die Aufwendungen einschließlich der Ablieferung an den Bund decken; darüber hinaus ist im Hinblick auf den Eigenkapitalbedarf ein angemessener Gewinn als Selbstfinanzierungsbeitrag erforderlich.

(2) In Anwendung der Vorschriften des Absatzes 1 sollen für die einzelnen Dienste die Kosten und ein Selbstfinanzierungsbeitrag erwirtschaftet werden; ein Ausgleich zwischen den Diensten ist zulässig."

II. Der öffentliche Auftrag kommunaler Versorgungs- und Verkehrsunternehmen

Von Erich Potthoff

Einleitung

Als ich nach dem Referat und der Diskussion des gestrigen Nachmittags mein Manuskript noch einmal durchlas, beschlich mich das Gefühl, daß ich Ihnen mit meinen Ausführungen über die kommunalen Unternehmen vielleicht eine zu heile Welt öffentlicher Unternehmen vorführe. Nun bin ich als Betriebswirt weit davon entfernt, Betriebe nur von der Sonnenseite zu sehen; mir sind die Schattenseiten ebenso geläufig. Sie gibt es allerdings nicht nur bei öffentlichen Unternehmen, sondern auch in der Privatwirtschaft, natürlich mit unterschiedlichen Akzenten.

Ich habe mein Referat nun so aufgefaßt, daß ich zunächst deutlich zu machen versuche, wie konkret der öffentliche Auftrag in den kommunalen Versorgungs- und Verkehrsbetrieben zu verstehen ist. Des weiteren zeige ich auf, welche *Neben-* oder *Rahmenbedingungen* die Aufgabenerfüllung beeinflussen. Dabei gehe ich von den Unternehmen aus, die ausschließlich oder überwiegend im Eigentum der Kommunen sind, spreche also nicht über gemischtwirtschaftliche Unternehmen, die in der Regel regionale Unternehmen sind. Als bekannt wird von mir weiterhin vorausgesetzt, daß die Unternehmen als *Eigenbetriebe* oder *Eigengesellschaften* (AG oder GmbH) nach *betriebswirtschaftlichen Grundsätzen* geführt, ihre kaufmännischen Jahresabschlüsse geprüft werden. Der Wettbewerb ist eingeschränkt. Technisch-ökonomische und institutionelle Zwänge führen zu *Gebietsmonopolen;* teilweise gibt es *Substitutionswettbewerb.* Wo der unmittelbare Wettbewerb nicht möglich ist, besteht ein *Leistungsvergleich* zwischen den verschiedenen kommunalen, regionalen und überregionalen Unternehmungen.

Bei den hier in Rede stehenden Unternehmen handelt es sich um ca. 750 kommunale Versorgungs- und ca. 160 Verkehrsunternehmen. Dabei sind auch Unternehmen mitgezählt, die nicht ausschließlich, sondern überwiegend in kommunaler Hand sind.

Der öffentliche Auftrag kommunaler Unternehmen läßt sich aus *verschiedenen Bedürfnissen* der öffentlichen Hand ableiten. Sie lassen sich gliedern nach den Bedürfnissen des Fiskus, der Wirtschafts- und Sozialpolitik und der Sicherheitspolitik[1]. Damit werden die Ziele der Versorgungs- und Verkehrsunternehmungen vom Träger vorgegeben, was wir mit *Theo Thiemeyer*[2] als das entscheidende Kriterium für alle öffentlichen Unternehmen sehen. Sie sind *Instrumente des Trägers,* also von Bund, Ländern und Gemeinden und erfüllen vielfältige, aus den Zielen abgeleitete Aufgaben. Es sei auf die einschlägige Literatur verwiesen, in der sie mehr oder weniger umfassend definiert sind.

Unserer föderalistischen Ordnung entsprechend sind die Aufgaben der öffentlichen Unternehmen mit verschiedener Gewichtung auf Bund, Länder und Gemeinden verteilt. Aber auch beim einzelnen Träger gibt es ein *Aufgabenbündel* mit einer von den Bedürfnissen bestimmten Rangordnung. So könnte man z. B. bei den kommunalen Unternehmen unmittelbare — gleichsam kommunalbezogene — öffentliche Aufgaben von den mittelbaren öffentlichen Aufgaben unterscheiden, die sich daraus ergeben, daß sie Teil einer Gesamtordnung sind. In unseren weiteren Überlegungen sei jedoch nicht besonders differenziert. Unter dem Aspekt der *Aktualität* dürften es folgende wichtige Aufgaben sein, die heute von den kommunalen Versorgungs- und Verkehrsunternehmen im Sinne ihres öffentlichen Auftrags zu erfüllen sind:

— ausreichende Versorgung mit Infrastrukturleistungen

— Verbesserung der Umweltverhältnisse

— rationeller und sparsamer Einsatz der Primärenergien

— funktionsgerechte Abstimmung der Unternehmensplanung mit der Stadt- und Regionalplanung.

Bei dem Volumen, das die kommunalen Versorgungs- und Verkehrsbetriebe inzwischen erreicht haben, erfüllen sie eine weitere Aufgabe, *stabilisierender Faktor* in der *Wirtschaftsordnung* und — bis zu einem gewissen Grade auch *Wirtschaftskonjunktur* — zu sein.

---

[1] Vgl. hierzu u. a.: Walther Pahl, Kurt Mendelsohn, Handbuch der öffentlichen Wirtschaft, Berlin 1930; Anton Tautscher, Die öffentliche Wirtschaft, Berlin 1953; Theo Keller, Die Eigenwirtschaft öffentlicher Gemeinwesen, in: Handbuch der Finanzwissenschaft, Bd. 2 hrsg. von Wilhelm Gerloff und Fritz Neumark, 2. Aufl., Tübingen 1956, S. 184 ff.; Karl Osterkamp, Karl Kühne, Handbuch der öffentlichen Wirtschaft, Bd. 1, Stuttgart 1960; Hans Horak, Die wirtschaftliche Betätigung der öffentlichen Hand in der Bundesrepublik Deutschland und ihre Probleme, Köln und Opladen 1964; Albert Schnettler, Betriebe öffentlicher Haushalte und Staat, Berlin 1964.

[2] Theo Thiemeyer, Wirtschaftslehre öffentlicher Betriebe, rororo-Studium Betriebswirtschaftslehre, Reinbek bei Hamburg 1975, S. 28.

II. Der öffentliche Auftrag kommunaler Versorgungsunternehmen

1. Ausreichende Versorgung mit Infrastrukturleistungen

Die Kommunen besitzen aus einer langen geschichtlichen Entwicklung eine Vielzahl von Einrichtungen und Anstalten, die von Jahr zu Jahr immer größere Bedeutung erlangt haben. Das tägliche Leben des einzelnen Bürgers, vor allem in den größeren Städten, ist in immer stärkerem Maße davon abhängig, daß sie funktionieren. Aus dem militärischen Wortschatz entnommen, sprechen wir hier von Leistungen der Infrastruktur. So wie jede militärische Organisation eines Unterbaus an Depots, Transporteinrichtungen usw. bedarf, gilt das ebenso für die Grundversorgung der organisierten Gemeinwesen der Bürger und ihrer wirtschaftlichen Tätigkeit. Nach einer älteren Terminologie sind es öffentliche oder kollektive Güter, die der Staat zur Verfügung stellt. Ohne auf die unterschiedlichen Definitionen einzugehen, sei hier die Bezeichnung Infrastruktur gewählt, deren Bereitstellung und Unterhalt zu den wichtigsten öffentlichen Aufgaben gehört. Im einzelnen sind dies:

— Wasserversorgung

— Energieversorgung

— Entsorgung

— Verkehr

— Ausbildung und Forschung

— Gesundheitsfürsorge.

In unseren Ausführungen beschränken wir uns speziell auf die Aufgabenerfüllung der *kommunalen Versorgungs- und Verkehrsbetriebe*. Aus Gründen der Versorgungssicherheit müssen sie für Wasser, Strom, Gas, Fernwärme eine bestimmte Leistungsbereitschaft vorhalten. In ihrem Versorgungsgebiet haben sie jedermann anzuschließen. Die Verkehrsbetriebe unterliegen der Beförderungspflicht. Im kommunalen Schrifttum werden diese Aufgaben als Teil der *Daseinsvorsorge* charakterisiert. Im Verwaltungsrecht wird darunter die entgeltliche Erbringung von Leistungen durch die öffentliche Hand verstanden, woran ein öffentliches Interesse besteht. Eine solche Leistung muß geordnet, d. h. regelmäßig und preiswert, erbracht werden, weil der einzelne Empfänger auf diese Leistungen in einem solchen Maße angewiesen ist, daß sie nicht allein der privatwirtschaftlichen Initiative überlassen bleiben können[3]. *Ernst Forsthoff* schreibt dazu, daß der Mensch im in-

---

[3] Ernst Forsthoff, Lehrbuch des Verwaltungsrechts, Bd. 1: Allgemeiner Teil, 9. Aufl., München und Berlin 1966, S. 531 f.; ders., Die Daseinsvorsorge und die Kommunen, VKU-Vortrag, Köln 1958; ders., Rechtsfragen der leistenden Verwaltung, Stuttgart 1959, S. 27; vgl. auch Urteil des Bayerischen Verfassungsgerichtshofes zu Art. 75 der Bayerischen Gemeindeordnung vom 23. 12.

dustriellen Zeitalter die Verfügung über wesentliche Mittel der Lebensgestaltung verloren hat und deshalb darauf angewiesen ist, daß er die unentbehrlichen Lebensgüter, die er zum Dasein benötigt, erwerben kann. Das erfordere eine Ordnung, die im wesentlichen eine *soziale Funktion* enthält. Auf die Frage, ob und inwieweit hieraus zu schließen ist, daß die Gemeinden die Unternehmungen selbst im Eigentum haben und führen müssen, soll nur kurz eingegangen werden. Nach Ernst Forsthoff ist es nicht Aufgabe des Staates, Unternehmungen für die unentbehrlichen Lebensgüter im Eigentum zu haben und zu betreiben. Er hat aber — so können wir bei ihm lesen — dafür zu sorgen, daß diese ohne Störungen betrieben werden. Dies gilt auch für die Gemeinde, die als unterste Gebietskörperschaft eine engere Beziehung zum Staatsbürger hat als das Land oder der Bund. Die Gemeinde ist daher grundsätzlich prädestiniert, die Funktion der Daseinsvorsorge elementar und unmittelbar zu übernehmen[4]. So halten die Repräsentanten der kommunalen Selbstverwaltung jedenfalls daran fest, daß neben der Hoheits- und der Leistungsverwaltung die Vorsorge für die gesamte technische und ökologische Infrastruktur und die bürgerschaftliche Kontrolle dieser Funktionen zu ihrem Verantwortungsbereich im Sinne von Artikel 28 Grundgesetz gehören[5].

Der Begriff „Daseinsvorsorge" ist in der rechts- und sozialwissenschaftlichen Literatur ebenso *umstritten,* wie das für ähnliche Kategorien der Gemeinwirtschaftlichkeit für die öffentlichen Unternehmen schlechthin gilt. Mit dem Hinweis auf Thiemeyer, der sich in seiner Wirtschaftslehre öffentlicher Betriebe damit eingehend auseinandergesetzt hat, möge diese Problematik hier angesprochen sein, ohne sie zu vertiefen. Für die praktische Bedeutung der kommunalen Versorgungs- und Verkehrsunternehmen, nicht zuletzt auch für die Privatisierungsdiskussion, ist es jedenfalls bemerkenswert, daß sie in einer Zeit gegründet wurden, die vom *wirtschaftlichen Liberalismus* geprägt war. Es seien mir einige historische Reminiszenzen erlaubt.

So waren im vorigen Jahrhundert die ersten Versorgungs- und Verkehrsbetriebe zunächst in privater Hand. Die Gemeinden hielten es aber bald für notwendig, im Interesse einer *gleichmäßigen Versorgung,*

1957 — Vf. 107, 114, 117 - VII - 56 -; Theo Schwarz, Die wirtschaftliche Betätigung der öffentlichen Hand im Kartellrecht, Köln - Berlin - München 1969, S. 192.

[4] Ernst Forsthoff, Die Daseinsvorsorge und die Kommunen, VKU-Vortrag, Köln 1958; vgl. auch Gerhard Stuber, Bedeutung und Aufgabe kommunaler Unternehmen, in: Gemeindewirtschaft und Unternehmerwirtschaft, Festgabe für Rudolf Johns, Göttingen 1966, S. 264.

[5] Arnulf Klett, Kommunale Wirtschaft — Standort und Auftrag, in: Kommunale Unternehmen — kundeneigen, kundennah, Dokumentation der Jahrestagung 1971 des Verbandes kommunaler Unternehmen e. V. (VKU), Köln 1972, S. 45.

z. B. für Gas und für den Nahverkehr, die Betriebe selbst zu übernehmen. Nach 1842, dem Jahr der großen Hamburger Feuersbrunst, gingen immer mehr Städte dazu über, zentrale Wasserversorgungen zu errichten. Mit dem Aufkommen der Elektrizitätsversorgung und der Strombelieferung von Haushalten, Gewerbebetrieben usw. im letzten Drittel des vergangenen Jahrhunderts übernahmen die Gemeinden auch diese Aufgabe. Bis zum ersten Weltkrieg lag die öffentliche Elektrizitätsversorgung überwiegend in kommunaler Hand. Zu den wichtigsten kommunalen Aufgaben gehörte ebenso der Betrieb des Personennahverkehrs. In den Großstädten war der Pferdeomnibus das erste Massenverkehrsmittel, das dann gegen Ende des 19. Jahrhunderts von den elektrischen Straßenbahnen abgelöst wurde. Um die Jahrhundertwende kam der erste Oberleitungsbus, und später gab es die Kraftomnibusse für den Personennahverkehr.

Nach diesem kurzen, mit ein wenig Nostalgie verbundenen Rückblick in die Vergangenheit darf für die Gegenwart festgestellt werden, daß die Versorgung mit Strom und Wasser und — in ständig zunehmendem Maße — auch mit Gas und Fernwärme eine kommunale Aufgabe ist, die die *unentbehrliche Grundlage* für das Leben der Bevölkerung und die Tätigkeit aller anderen Produktionsstätten darstellt. Ähnliches gilt für die Nahverkehrsunternehmen. Die modernen Städte sind hochtechnisierte Organismen und deshalb außerordentlich störanfällig. Denken wir nur an mögliche Engpässe in der Energieversorgung, an den Wassermangel im Sommer oder auch an Störungen im Personennahverkehr. Die Konzentration von Menschen und Betrieben in den Städten stellt aber nicht nur hohe Ansprüche an die Versorgung, sondern auch an die *Entsorgung*, worauf wir im einzelnen nicht weiter eingehen. Stichworte wie Müll oder Abwässer mögen auch diesen wichtigen Aufgabenbereich der Kommunen veranschaulichen. Die Fragen der Kernkraftwerke seien auch ausgeklammert.

Für den Bürger in Stadt und Land sind die aufgezählten Leistungen inzwischen zu einer *Selbstverständlichkeit* geworden. Im Zeichen einer anspruchsorientierten Konsumgesellschaft stellt er auch wachsende Ansprüche an die Infrastruktur. Städte und Gemeinden stehen hier nicht nur vor Problemen der Quantität, sondern mehr denn je vor Fragen der Qualität, die mit ihrer Einbettung in die Umwelt zu neuen Dimensionen führte.

2. Verbesserung der Umweltverhältnisse

Die kommunalen Versorgungsunternehmen können z. B. durch umweltfreundliche Energiearten die *Umweltbelastung reduzieren*. Ein Mittel hierzu ist, die Wärmeversorgung mittels Gas, Fernwärme oder

Elektrizität zu fördern, bei der am Ort des Wärmebedarfs Emissionen wie Staub oder Verbrennungsprodukte, etwa Schwefeldioxyd, nicht entstehen. Gegenüber der getrennten Bereitstellung belastet die gemeinsame Gewinnung von Strom und Fernwärme in zentralen Energieumwandlungsanlagen (vornehmlich in Heizkraftwerken, also im Kraft/Wärme-Kopplungsprozeß) die Umwelt geringer. Es entstehen weniger Abgasemissionen, und es fällt weniger Abwärme an. Hinzu kommt, daß sich die Zahl der Einzelfeuerstätten reduziert, die ja ihre Abgase unmittelbar und hochkonzentriert in den Lebensraum der Bevölkerung entlassen.

Kommunale Versorgungsunternehmen haben ebenso die Aufgabe, in Städten und Gemeinden die Bevölkerung und die Wirtschaft mit *einwandfreiem Wasser bestmöglicher Qualität* zu versorgen. Das Verhältnis zwischen den von der Natur dargebotenen Wasservorräten und den steigenden Anforderungen, die an diese Vorräte durch die Entwicklung der Industrie und die dichtere Besiedlung gestellt werden, hat sich laufend verschlechtert. Das erfordert von der Wasserversorgung, aber auch von der Abwasserentsorgung immer größere Anstrengungen und Investitionen. Die Verantwortung der Gemeinden und ihrer Versorgungsunternehmen erschöpft sich dabei nicht im Bau von Wassergewinnungsanlagen und Leitungssystemen; es geht dabei vor allem auch um die Erschließung und den Schutz ökologisch und geologisch gesicherter Wassergewinnungsgebiete[6], was allerdings weitgehend in die überregionale Verantwortung fällt.

Auch die Nahverkehrsunternehmen sind in der Lage, die Belastungen der Umwelt zu verringern. Eine Studie des Bundesbauministeriums hat ergeben, daß sich die Bundesbürger über nichts mehr ärgern als über den Verkehrslärm. Bei besonders dichter Bebauung fühlen sich rund 50 % der Anwohner zeitweise oder dauernd belästigt[7]. Die durch den Kraftfahrzeugverkehr verursachten Lärmemissionen machen bis zu 85 % des Gesamtlärms in Ballungszentren aus[8]. Bei den öffentlichen Nahverkehrsmitteln können nicht nur der Lärmpegel leichter und mit geringeren Kosten gesenkt, sondern in den besonders gefährdeten Stadtzentren auch die Abgaskonzentrationen merklich verringert werden.

---

[6] Aus: 10 Thesen zur Stellung der kommunalen Versorgungsunternehmen in Wirtschaft und Gesellschaft — Leitbild und Ziele, Verband kommunaler Unternehmen e. V. (VKU) 1975, S. 21 ff.
[7] Öffentlicher Personennahverkehr für die Gesellschaft von heute und morgen, VÖV-Konzept 1976, S. 14.
[8] Nutzen-Kosten-Analyse für das Kabinentaxi, Gutachten der WIBERA, vom Bundesministerium für Forschung und Technologie 1975 veröffentlicht.

3. Rationeller und sparsamer Einsatz der Primärenergien

In unserem Jahrzehnt sind wir nicht nur umweltbewußter geworden. Mit dem Ölboykott und der Energiekrise Ende 1973 spürten wir plötzlich, in welchem Umfange die Bundesrepublik *rohstoffabhängig* ist. Wir stehen vor der Notwendigkeit, die gesamte Rohstoffpolitik — insbesondere die Energiepolitik — der hochentwickelten Industrieländer zu überprüfen, weil die Primärenergieträger und die übrigen Rohstoffe im Gegensatz zur Praxis in der Vergangenheit inzwischen spürbar *knappe Güter* geworden sind. Das Bundeskabinett hat vor wenigen Tagen, am 23. 3. 1977, Grundlinien und Eckwerte für die Fortschreibung des Energieprogramms beschlossen. Daraus wird deutlich, welche Rolle hierbei auch die kommunalen Unternehmen spielen. Wichtigste Leitlinien sind:

— rationelle und sparsame Energieverwendung

— Sicherung der Stromversorgung.

Energieeinsparung verlangt rationellen und sparsamen Einsatz der Primärenergien. Die *rationelle Energieverwendung* ist eine Aufgabe des Energieversorgungssystems, und hier auch der Umwandlungsstufen, also der Kraftwerke und Raffinerien sowie der Stufe der Endenergieverwendung zur Bereitstellung der Nutzenergie. Diese Forderung setzt voraus, daß der Anteil der leitungsgebundenen Energien Strom, Gas und Fernwärme an der gesamten Energiedarbietung verstärkt wird. Für die Querverbundunternehmungen oder -unternehmensgruppen der Städte und Gemeinden heißt das, daß sie durch erhöhten Einsatz dieser Energien den *Ausnutzungsgrad der Primärenergien verbessern* und den am besten geeigneten Energieträger bereitstellen. Die kommunale Versorgungswirtschaft ist in der Lage, Kraft/Wärme-Kopplungsanlagen zur Deckung von Produktionswärme- und Heizwärmebedarf und auch Wärmepumpen, mit Gas oder Strom betrieben, im Rahmen der integrierten Energieversorgung und einer rationellen Energieverwendung einzusetzen.

Die kommunalen Nahverkehrsbetriebe sind natürlich für absehbare Zeit auf die herkömmlichen Energiearten angewiesen. Im Vergleich zum Personenkraftwagen, dem wichtigsten Verkehrsmittel des Individualverkehrs, sind die Energiekosten bei den öffentlichen Verkehrsmitteln jedoch wesentlich geringer. Insofern können auch sie mithelfen, Energie zu sparen.

4. Kommunale Versorgungs- und Verkehrsbetriebe als Element der Stadt- und Regionalentwicklung

Versorgungs- und Verkehrsbetriebe sind aufs engste mit der Politik der Stadt- und Regionalentwicklung verbunden. Sie spielen für die städtischen Ballungsräume eine immer größere Rolle. Es stimmt zwar, daß in mancher Großstadt in der Bundesrepublik die Zahl der Einwohner abnimmt. Diese Abwandernden ziehen vielfach jedoch nur in die Außenzonen der Städte, so daß eine wirkliche Entleerung der Ballungszentren nicht eintritt. Wir haben es vielmehr mit einer weiteren Konzentration der Bevölkerung auf einige *Verdichtungszonen* zu tun. Dabei zeichnen sich drei große Bewegungen ab, die auch die Unterschiede der Bevölkerungskonzentration in einzelnen Ballungszentren vergrößern werden: eine zunehmende Entleerung peripherer Regionen, aber auch der dort liegenden Großstädte; eine ständige Wanderung aus diesen Räumen zur „Rheinschiene" hin; eine diese Ost-West-Tendenz überlagernde Nord-Süd-Wanderung. In der Voraussage für 1980 heißt es, daß 70 % der Einwohner der Bundesrepublik auf 7 % der Fläche leben. Für 1985 wird geschätzt, daß in der Bundesrepublik bereits 85 % der Bevölkerung in Städten und Stadtregionen wohnen mit einer Bevölkerungsdichte von mindestens 1000 Einwohnern je km². Das heißt nicht, daß die Versorgungs- und Verkehrsbetriebe für die Entwicklung der *ländlichen Räume* keine Bedeutung hätten. Vielmehr sind sie gerade auch für die Gebiete außerhalb der Ballungsräume als Instrument der Raumordnung unentbehrlich. Da die leitungsgebundene Energie- und Wasserversorgung und der Personennahverkehr einen integrierenden Bestandteil der Infrastruktur jedes Wohn-, Gewerbe- und Industriegebietes darstellen, sind die kommunalen Versorgungsunternehmen unlösbar mit der *Raumordnungspolitik* verbunden. Die Verzahnung dieser beiden Bereiche ist schon in einem möglichst frühen Stadium der Planungsverfahren erforderlich.

Bei der Entwicklungsplanung bedarf es der räumlichen, finanziellen und zeitlichen Abstimmung. Nur aufeinander ausgerichtete Entwicklungen (z. B. Wahl „geeigneter" Bebauungsgebiete; Investitionsschwerpunkte entlang bestehenden Verkehrsachsen) gewährleisten die gegenseitige Ergänzung. In der Vergangenheit ist mancher Fehler dadurch gemacht worden, daß die *Nahverkehrsbedürfnisse* z. B. nicht ihrer Bedeutung entsprechend berücksichtigt worden sind. So darf nicht übersehen werden, daß mindestens ein Drittel unserer Mitbürger zwangsläufig auf die öffentlichen Verkehrsmittel angewiesen ist[9]. Aber nicht

---

[9] Erhard Hübener, Bedeutung und Finanzierung des öffentlichen Personennahverkehrs, insbesondere der kommunalen Unternehmen, in: Wirtschaftliche Infrastruktur, Bd. 7 der WIBERA-Fachschriften, Stuttgart - Berlin - Köln - Mainz 1974, S. 15.

nur diese Relation verdeutlicht die Rolle, die kommunale Verkehrs- und Versorgungsunternehmen im Rahmen einer integrierten Stadt- und Regionalentwicklung spielen können. Durch *neue technologische Entwicklungen* können Komponenten und Einsatzformen herkömmlicher Verkehrssysteme wie Bus und Straßenbahn verbessert, neue Formen von Verkehrsverbünden mit regionalem Zuschnitt und neuartige Bausteine für eine aufeinander abgestimmte Siedlungsentwicklung in Stadt und Umland bereitgestellt werden. Wie wichtig die hier zu lösenden Aufgaben sind, zeigt die Verkümmerung und Entvölkerung mancher Innenstädte. Hierbei bedarf es einer sinnvollen *Aufgabenteilung* und *Kooperation* zwischen dem *öffentlichen* und *industriellen Nahverkehr*, um die Attraktivität dieser Stadtgebiete wieder zu verbessern. Letztlich geht es darum, jeden Nahverkehrsträger dort einzusetzen, wo er unter ökonomischen, städtebaulichen und soziologischen Aspekten die jeweils größten Vorteile bietet.

5. Stabilisierender Faktor in der Wirtschaftsordnung und Wirtschaftskonjunktur

Im Grundgesetz ist ein bestimmtes Wirtschaftssystem konkret nicht verankert. Wir leiten mehr oder weniger mittelbar daraus eine *soziale Marktwirtschaft* ab, praktizieren sie jedenfalls seit Bestehen unseres Staates. Sie geht vom wirtschaftlichen Wettbewerb aus, der durch staatliche Interventionen teils gestützt, teils ergänzt oder ersetzt wird. In dieser *gemischten Ordnung* erfüllen speziell die kommunalen Versorgungsbetriebe nun noch einen weiteren öffentlichen Auftrag dadurch, daß sie diesen ordnungspolitisch *erwünschten Pluralismus* in der Wirtschaft — vor allem in der Energiewirtschaft — unterstützen. Die wirtschaftliche Entwicklung hat dazu geführt, daß wenige Unternehmen die Stromerzeugung in Großkraftwerken weitgehend und das Verbundnetz vollständig beherrschen. In der Gaswirtschaft hat in den letzten Jahren mit dem Übergang zum Erdgas eine parallele Entwicklung eingesetzt. Erdgasimport, heimische Erdgasförderung und Erdgasferntransport sind weitgehend bei wenigen Erdgasimporteuren und Großverteilern konzentriert[10].

In seinen 10 Thesen zur Stellung der kommunalen Versorgungsunternehmen in Wirtschaft und Gesellschaft hebt der Verband kommunaler Unternehmen (VKU) besonders hervor, daß die hiermit heraufbeschworene *Gefahr einer Verstaatlichung* durch eine leistungsfähige Gruppe selbständiger kommunaler Unternehmen unter *bürgerschaft-*

---
[10] 10 Thesen zur Stellung der kommunalen Versorgungsunternehmen in Wirtschaft und Gesellschaft, a.a.O., S. 37.

licher Kontrolle, die den Pluralismus der Unternehmensformen und der Unternehmensgrößen in der Bundesrepublik gewährleistet, in Grenzen halten kann. Sie sichern den Leistungsvergleich zwischen Unternehmen verschiedener Versorgungsstufen, verschiedener Trägerschaft und unterschiedlicher Größe und fördern damit die *Transparenz von Kosten und Preisen.* Dank der Nähe der kommunalen Versorgungsunternehmen zum Bürger sind die Verhältnisse noch überschaubar; die Verantwortlichen sind jederzeit zu erreichen.

So kann insgesamt gesehen festgestellt werden, daß auch ohne Vorhandensein eines regulären Wettbewerbs zwischen den verschiedenen Versorgungsunternehmen durch das *pluralistische System* verschiedener Eigentümer und verschiedener Unternehmungsgrößen ein ständiger Leistungsvergleich aufrechterhalten wird. Er löst in gleicher Weise Impulse zur Leistungssteigerung aus, wie sie sich in anderen Bereichen der Wirtschaft aus dem Wettbewerb am Markt ergeben. Die kommunalen Versorgungs- und Verkehrsbetriebe sind — wie schon erwähnt — bis zu einem gewissen Grad auch ein stabilisierender Faktor der Wirtschaftskonjunktur[11]. Sie sind anlagenintensiv; ihre Anlagen sind langlebig. Sie sind mit ihrem Volumen ein beträchtlicher Teil der Industrieinvestitionen. Die kommunalen Unternehmen leisten damit einen Beitrag für die Beschäftigung vor allem in der Bau- und Produktionsgüterindustrie. Um eine Zahl zu nennen, sei erwähnt, daß 1972 kommunale Eigengesellschaften und Eigenbetriebe, allerdings unter Hinzuziehung der Regiebetriebe, für Sachinvestitionen (Bauten, Erwerb von beweglichem und unbeweglichem Anlagevermögen) 20,4 Milliarden DM ausgaben.

6. Zielkonflikte und Einschränkungen bei der Aufgabenerfüllung

Die hier kurz dargestellten, dem öffentlichen Auftrag entsprechenden Aufgaben der kommunalen Versorgungs- und Verkehrsbetriebe zeigen das für alle öffentlichen Betriebe typische Bild der *Aufgabenvielfalt.* Damit stehen sie bei der Aufgabenerfüllung in einem Zielkonflikt[12], der um so größer ist, je mehr die öffentlichen Betriebe auf ihren Märkten im Wettbewerb stehen. So haben sie nach dem für sie gültigen gemeinwirtschaftlichen Versorgungsprinzip bei der Preisbildung auf angemessene Preise zu achten. Sie unterliegen teilweise einer staatlichen

---

[11] Heinz Bolsenkötter, Öffentliche Betriebe als Instrumente konjunkturneutraler oder antizyklischer Wirtschaftspolitik, in: Öffentliche Unternehmen in Rezession und Aufschwung. Eine Diskussion im Wissenschaftlichen Beirat der Gesellschaft für öffentliche Wirtschaft und Gemeinwirtschaft, Berlin 1977, S. 128.
[12] Eberhard Witte, Jürgen Hauschildt, Die öffentliche Unternehmung im Interessenkonflikt, Betriebswirtschaftliche Studie zu einer Zielkonzeption der öffentlichen Unternehmung, Berlin 1966.

Preisaufsicht. Aus Gründen der Versorgungssicherheit müssen sie eine bestimmte Leistungsbereitschaft vorhalten. Diese Problematik spiegelt sich teilweise auch in der *Vielfalt der Einflüsse* wider, die sich aus der Zusammensetzung der Leitungsorgane, insbesondere der *sekundären Leitungsorgane*, also Werksausschuß oder Aufsichtsrat, sowie den Rechten der Trägergemeinde ergeben[13].

Ebenso können die Aufsichtsbehörden Einfluß ausüben. Wenn auch die Gemeinden in ihren finanzwirtschaftlichen Entscheidungen im Rahmen der gesetzlichen Vorschriften unabhängig sind, sind sie ihrerseits bei einer Reihe von Entscheidungen an die Genehmigung der *Aufsichtsbehörden* gebunden. Diese ist z. B. erforderlich bei der Übernahme von Bürgschaften und Verpflichtungen aus Gewährverträgen, beim Verkauf oder Tausch von Grundstücken usw. Je nachdem, in welchem Umfange Versorgungs- und Verkehrsbetriebe hierbei Gegenstand derartiger Entscheidungen sind, bestehen entsprechende Einwirkungsmöglichkeiten der Gemeinde.

Überall da, wo die Wahrnehmung der öffentlichen Aufgaben dazu führt, daß betriebsnotwendige Aufwendungen nicht mehr durch die Erträge gedeckt werden und die Träger die Defizite nicht mehr allein tragen können, sind weitere Einwirkungsmöglichkeiten dritter Stellen gegeben. Im Vergleich zu Unternehmen, die primär ergebnisorientiert arbeiten können, haben die Versorgungsbetriebe also Nebenbedingungen zu berücksichtigen, die sich u. U. negativ auf die *Kosten- und Ertragslage* auswirken. Gleichzeitig müssen sie aber das Postulat der Wirtschaftlichkeit beachten, da sie nachweisen müssen, daß die öffentlichen Aufgaben nicht wirtschaftlicher und besser von privaten Unternehmen erfüllt werden können. Nicht zuletzt ist deshalb bei der jährlichen Abschlußprüfung zu bestätigen, daß die *wirtschaftlichen Verhältnisse* keinen Anlaß zu wesentlichen Beanstandungen geben. Im Grunde stehen wir hier vor der erst in Ansätzen gelösten Problematik, die *gemeinwirtschaftlichen Lasten* der öffentlichen Betriebe, so auch der kommunalen Versorgungs- und Verkehrsbetriebe, nicht durch pauschalierten Defizitausgleich, sondern durch kalkulierbare Ausgleichszahlungen der öffentlichen Hand zu decken.

Andere Einwirkungsmöglichkeiten dritter Stellen sind mit der Stadt- und Regionalplanung gegeben. Das zeigt sich z. B. in den Bestimmungen, wonach die *Fachplanungen* der Bundesregierung für die Autobahnen, Bundesstraßen, Eisenbahnen, Wasserwege usw. von den Gemeinden in der Bauleitplanung berücksichtigt werden müssen. Schließlich ist darauf hinzuweisen, daß es einige *Bundesgesetze* gibt, die sich auf

---
[13] Erich Potthoff, Die Leitungsorganisation in öffentlichen Betrieben, in: Schmalenbachs Zeitschrift für betriebswirtschaftliche Forschung, 1966, S. 230 ff.

besonders wichtige öffentliche Aufgaben beziehen und insoweit auch für die Versorgungs- und Verkehrsbetriebe Gültigkeit haben. Sie sind mit verschiedenen Melde- und Genehmigungspflichten verbunden. Es sei hingewiesen auf das 1935 erlassene *Energiewirtschaftsgesetz*, das auch heute gültig ist, das *Wasserhaushaltsgesetz* aus dem Jahre 1957 und das *Personenbeförderungsgesetz* aus dem Jahre 1961.

Die Ausführungen über Zielkonflikte und Einschränkungen bei der Aufgabenerfüllung seien nicht abgeschlossen, ohne auf eine gerade für öffentliche Unternehmen typische Besonderheit hinzuweisen, ihre laufende Überwachung durch die *Öffentlichkeit*. Dazu gehören nicht nur Presse, Rundfunk und Fernsehen, sondern auch die Bürger in ihrer vielfältigen Eigenschaft als Verbraucher und Benutzer öffentlicher Leistungen. Die hier wirksamen Einflüsse sind grundsätzlich nur mittelbarer Art, können aber dennoch im Einzelfall nicht weniger wirksam sein, wenn wir z. B. an Tariferhöhungen für Straßenbahnen denken.

Schlußbemerkung

Die Aufgabenerfüllung der kommunalen Versorgungs- und Verkehrsbetriebe ist eingebettet in ein über den kommunalen Bereich *übergreifendes* Versorgungs-, Verkehrs- und Raumordnungssystem, nicht zuletzt auch Finanzierungssystem. Das bewirkt, daß sie bei der Durchführung ihrer Aufgaben gewisse inhaltliche, quantitative und qualitative *Vorgaben* aus den übergreifenden Systemen zu berücksichtigen haben. Da wir es mit einer Vielzahl von Teilzielen und Nebenbedingungen zu tun haben, ist es erforderlich, *Zielstrukturen* zu formulieren, die dem Charakter öffentlich-wirtschaftlicher Zielsetzungen entsprechen[14]. Wo *Zielkonflikte* nicht zu vermeiden sind, sind einzelne widerstreitende Ziele deutlich zu formulieren und auch in ihren Auswirkungen zu erfassen. Es gibt keine Tendenz zu einem irgendwie gearteten Gleichgewicht und einem zwangsläufigen Ausgleich zwischen öffentlich-wirtschaftlichen und einzelwirtschaftlichen Zielen. Die kommunalen Versorgungs- und Verkehrsunternehmen stehen wie alle öffentlichen Unternehmen im *Spannungsfeld* zwischen öffentlichem Auftrag und wirtschaftlicher Aufgabenerfüllung. Das von ihnen entwickelte *kaufmännische Rechnungswesen*, das nicht nur der Dokumentation, sondern auch der Planung und Kontrolle, dient, ist für sie ein wichtiges *Führungsinstrument*. Als eine Art Kompaß zeigt es nicht nur, inwieweit vom Kurs der Wirtschaftlichkeit abgewichen wird. Es ermöglicht auch eine klare Darstellung der gemeinwirtschaftlichen Lasten, die der öffentliche Auftrag mit sich bringen kann.

---

[14] Karl Oettle, Grundfragen öffentlicher Betriebe, Bd. 1. In: Schriften zur öffentlichen Verwaltung und öffentlichen Wirtschaft, Bd. 14, Baden-Baden 1976, S. 9 ff.

III. Der öffentliche Auftrag öffentlicher Banken und Sparkassen

Von Fritz Duppré

Öffentlich-rechtliche Kreditinstitute sind in Deutschland entstanden, weil „der Staat es aus wirtschafts- oder sozialpolitischen Gründen für erforderlich hielt, bestimmte bankgeschäftliche Tätigkeiten, die von der privaten Kreditwirtschaft nicht oder jedenfalls nicht in dem für erforderlich gehaltenen Umfang durchgeführt wurden, durch eigene Institute wahrnehmen zu lassen", oder weil „private Kreditinstitute für bestimmte Aufgaben der Wirtschaftsförderung ... nicht oder weniger geeignet erschienen"[1]. So entstanden seit der zweiten Hälfte des 18. Jahrhunderts die öffentlich-rechtlichen Grundkreditanstalten und die Staatsbanken, seit Beginn des 19. Jahrhunderts die Sparkassen und in unserem Jahrhundert die öffentlichen Bausparkassen und — zumeist nach dem 2. Weltkrieg — die staatlichen Kreditinstitute mit Sonderaufgaben. Diese an ihrem öffentlichen Auftrag orientierten Kreditinstitute entwickelten sich neben den am Erwerb interessierten privatwirtschaftlichen, neben den auf die Förderung des Erwerbs oder der Wirtschaft ihrer Mitglieder mittels gemeinschaftlichen Geschäftsbetriebs gerichteten genossenschaftlichen[2] und neben den gemeinwirtschaftlich-gewerkschaftlichen[3] Kreditinstituten. Durch ihre Tätigkeit sollten die staatlichen Kreditinstitute subsidiär die im öffentlichen Interesse liegende angemessene Versorgung der Bevölkerung mit Bankleistungen sicherstellen.

Da die beiden Prinzipien — Subsidiarität und öffentliches Interesse — Grundvoraussetzungen staatswirtschaftlicher Eigenbetätigung sind, entsteht die Frage, ob diese Voraussetzungen noch vorliegen. Diese Frage stellt sich nicht von ungefähr, denn die öffentlich-rechtlichen

---
[1] Bericht der Bundesregierung über die Untersuchung der Wettbewerbsverschiebungen im Kreditgewerbe und über eine Einlagensicherung, Deutscher Bundestag 5. Wahlperiode, Drucksache V/3500, S. 40.

[2] Vgl. § 1 Abs. 1 des Gesetzes betreffend die Erwerbs- und Wirtschaftsgenossenschaften i. d. F. vom 20. Mai 1898 (RGBl. I S. 369, 810; BGBl. III 4125-1) zuletzt geändert durch das Erste Gesetz zur Bekämpfung der Wirtschaftskriminalität vom 29. Juli 1976 (BGBl. I S. 2034).

[3] Vgl. Walter Hesselbach, Die gemeinwirtschaftlichen Unternehmen, Instrumente gewerkschaftlicher und genossenschaftlicher Struktur- und Wettbewerbspolitik, Frankfurt 1971, S. 20 ff. und 111 ff.

Kreditinstitute in der Bundesrepublik Deutschland unterhalten gegenwärtig 40 v. H. aller Bankstellen, haben am Geschäftsvolumen aller in unserem Lande tätigen Geschäftsbanken und Sparkassen einen Anteil von über 50 v. H., verwalten knapp 60 v. H. aller Einlagen und aufgenommenen Kredite von Nichtbanken und mehr als 50 v. H. aller an Nichtbanken gewährten Kredite[4].

Die Beantwortung dieser Frage ist deshalb besonders schwierig, weil Kreditinstitute als Quellen der Kreditvergabe, Liquiditätshalter der Wirtschaft, Sammelbecken für Geld- und Kapitalanlagen und Abwickler des Zahlungsverkehrs in unserer marktwirtschaftlichen Ordnung sozialer Ausprägung eine Schlüsselstellung innehaben. Darüber hinaus ist sie abhängig von den Wandlungen der Struktur im Kreditwesen und von den Veränderungen im Geschäfts- und Kundenkreis der öffentlich-rechtlichen Kreditinstitute, die aus der gesamtwirtschaftlichen und gesellschaftlichen Entwicklung resultieren. Insoweit ist die Beantwortung dieser Frage also zeit- und situationsbezogen. Da die aus dem gesetzlichen Auftrag abgeleiteten Ziele als Maximen des Handelns „weniger ökonomisch bestimmt (sind), sondern ... sozusagen einen überwiegend ideologischen bzw. philosophischen Charakter" haben[5], ist die Frage nach dem Weiterbestehen des öffentlichen Auftrags und seiner Voraussetzungen nicht zuletzt von den politischen Wertungen und den daraus gezogenen Folgerungen abhängig. Aus der Sonderstellung der Kreditinstitute und aus einzelnen, spektakulären Bankzusammenbrüchen wird nun die Forderung abgeleitet, alle Banken zu „vergesellschaften", d. h. sie ins Eigentum der öffentlichen Hand zu überführen, sie „demokratisch zu kontrollieren" und damit gleichzeitig Einfluß auf die Lenkung von Geld- und Kapitalströmen sowie Investitionen in der Volkswirtschaft zu gewinnen. Dies ist die denkbar weiteste Fassung dessen, was unter dem öffentlichen Auftrag verstanden werden könnte und sie wirft daher die Probleme der Stellung der Kreditinstitute in rechtlicher und ordnungspolitischer Hinsicht am schärfsten auf.

Zunächst ist umstritten, ob Artikel 15 GG überhaupt auf Kreditinstitute anwendbar ist. Ich halte mit den Grundgesetzkommentatoren Maunz, Dürig und Herzog die Sozialisierung von Kreditinstituten nicht für zulässig, weil der Begriff Produktionsmittel in einem engen Sinne zu verstehen ist und somit nur sachliche oder rechtliche Mittel zur Erzeugung von Gütern umfaßt[6]. Darüber hinaus bin ich der Meinung, daß

---
[4] Vgl. Monatsberichte der Deutschen Bundesbank, 29. Jg., Nr. 3, März 1977, Statistischer Teil S. 41 und Statistische Beihefte zu den Monatsberichten der Deutschen Bundesbank, Reihe 1, Bankenstatistik nach Bankengruppen März 1977, Nr. 3, Tabellen 1 und 2.
[5] Udo Güde, Geschäftspolitik der Sparkassen, Grundlagen und aktuelle Probleme, Stuttgart 1975, S. 13.

III. Der öffentliche Auftrag öffentlicher Banken und Sparkassen 63

eine Verstaatlichung von (weiteren) Kreditinstituten auch aus Gründen der Wirtschafts- und Geldordnung abzulehnen ist, weil dadurch eine Organisationsform angewandt würde, die unserer marktwirtschaftlichen Ordnung im Prinzip fremd ist. Es hat sich zwar gezeigt, daß die quantitative Beeinflussung der Kreditinstitute durch geldpolitische Maßnahmen im Rahmen unserer strengen Geldordnung allein nicht hinreichend ist, weil die Wirtschafts- und Geldpolitik auf ein funktionsfähiges Bankwesen angewiesen ist. Die damit zusammenhängenden Probleme konnten aber qualitativ durch die Aufsicht über das Kreditwesen und über die verbesserte Einlagensicherung bei Erhaltung des marktwirtschaftlichen Wettbewerbs gelöst werden. Der besonderen Stellung der Kreditinstitute in der Volkswirtschaft ist also unter Beachtung des Subsidiaritätsprinzips in rechtlich und ordnungspolitisch befriedigender Weise Rechnung getragen worden.

Auch die Forderung, bei öffentlich-rechtlichen, gemeinwirtschaftlichen und genossenschaftlichen Kreditinstituten die staatlichen „Steuerungsmöglichkeiten auszubauen und konsequenter als bisher wahrzunehmen"[7], zielt m. E. in die falsche Richtung, weil sie die bestehende Dezentralisation und Institutsautonomie der öffentlichen Kreditinstitute in Richtung auf eine „Gleichschaltung" tendenziell aufhebt, dadurch die Wettbewerbsverhältnisse im Bankwesen in kartellartiger Weise verändert und das Recht der freien wirtschaftlichen Betätigung in seinem Wesensgehalt verletzt.

Aus den dargelegten Gründen ziehe ich die Konsequenz, daß eine generelle Ausdehnung des öffentlichen Auftrages öffentlicher Kreditinstitute nicht ins Auge gefaßt werden sollte. Ich meine vielmehr, daß eine stärkere Rückbesinnung auf den öffentlichen Auftrag als die eine und auf die Begrenzung des Geschäftskreises als die andere Seite derselben Medaille nötig ist, wobei die Verflochtenheit der Lebensverhältnisse und Zweckmäßigkeitsgesichtspunkte berücksichtigt werden sollten.

Dabei kann es nicht darum gehen, die historisch gewachsene Struktur des deutschen Bankwesens oder seines öffentlichen Teils, der den Nachweis der Funktionsfähigkeit bis in unsere Tage erbracht hat, zu erschlagen. Es handelt sich vielmehr darum, in öffentlich-rechtlicher Rechtsform grundsätzlich nur solche Kreditinstitute zu betreiben, bei denen ein öffentliches Interesse, das nur durch den Einsatz des Staates in Angriff genommen wird, vorliegt. Dies ist z. B. der Fall:

---
[6] Theodor Maunz, Günter Dürig, Roman Herzog, Grundgesetz, Kommentar, 4. Aufl., München 1976, Artikel 15, Randnummern 14 f.
[7] Zweiter Entwurf eines ökonomisch-politischen Orientierungsrahmens für die Jahre 1975 - 1985 der SPD, Bonn 1975, S. 35.

bei der Deutschen Siedlungs- und Landesrentenbank, deren Aufgabe in der Förderung der Neuordnung des ländlichen Raums, insbesondere der ländlichen Siedlung, sowie der Eingliederung der aus der Landwirtschaft stammenden Vertriebenen und Flüchtlinge besteht[8]. — Bei dieser Bank, die aus der Deutschen Landesrentenbank und der Deutschen Siedlungsbank hervorging, handelt es sich übrigens um den seltenen Fall einer Zusammenlegung öffentlicher Aufgaben bei einem Institut;

bei der Lastenausgleichsbank (Bank für Vertriebene und Geschädigte), deren Aufgabe es ist, Kredite und finanzielle Beihilfen zur wirtschaftlichen Eingliederung und Förderung der durch den Krieg und seine Folgen betroffenen Personen zu beschaffen und zu gewähren[9];

bei der Kreditanstalt für Wiederaufbau, die bei ihrer Gründung den Auftrag erhielt, durch Versorgung aller Zweige der Wirtschaft mit mittel- und langfristigen Darlehen die Durchführung von Wiederaufbauvorhaben insoweit zu ermöglichen, *als andere Kreditinstitute nicht in der Lage sind*, die erforderlichen Mittel aufzubringen[10]. Sie erhielt 1961 zusätzlich öffentliche Aufgaben im Rahmen der Ausfuhrfinanzierung und der Entwicklungshilfe[11].

Wenn ich also der Auffassung bin, daß in öffentlich-rechtlicher Rechtsform nur solche Kreditinstitute betrieben werden sollten, die im öffentlichen Interesse eine Aufgabe erfüllen, die durch Privatinitiative nicht angepackt würde, so impliziert dies konsequenterweise, daß öffentlich-rechtliche Kreditinstitute, bei denen diese Bedingungen nicht oder nicht mehr vorliegen, in privatrechtliche Formen umzuwandeln wären, mit der Folge, daß Anstaltslast und Gewährträgerhaftung entfielen.

In diesem Zusammenhang halte ich folgende Feststellung für wesentlich: Bei solchen öffentlich-rechtlichen Kreditinstituten, deren öffentlicher Auftrag unumstritten ist, wurde niemals der Versuch unternommen, die ursprünglichen Geschäftsbeschränkungen aufzulockern. Dies ist nur bei denjenigen Instituten geschehen, die infolge des Schwundes ihrer öffentlichen Aufgaben sich zu „Wettbewerbsunternehmen" entwickelten. Eine Auflockerung der Geschäftsbeschränkungen, „ein

---

[8] Vgl. Gesetz über die Zusammenlegung der Deutschen Landesrentenbank und der Deutschen Siedlungsbank vom 27. August 1965, BGBl. 1965 Teil I, S. 1001 ff.

[9] Vgl. Gesetz über die Lastenausgleichsbank (Bank für Vertriebene und Geschädigte), vom 28. Oktober 1954, BGBl. 1954 Teil I, S. 293 ff.

[10] Vgl. Gesetz über die Kreditanstalt für Wiederaufbau vom 5. November 1948, Gesetzblatt der Verwaltung des Vereinigten Wirtschaftsgebietes 1948, Nr. 25., S. 123 ff.

[11] Gesetz über die Kreditanstalt für Wiederaufbau in der Fassung vom 18. Oktober 1961, BGBl. 1961 Teil I, S. 1878 ff.

III. Der öffentliche Auftrag öffentlicher Banken und Sparkassen

Recht" das privaten Kreditinstituten in der Regel ohne weiteres offensteht, darf jedoch öffentlich-rechtlichen Kreditinstituten „nicht zugestanden werden"[12].

Genau dies, was an sich nicht sein sollte, ist aber durch die Sparkassengesetze für die Sparkassen und die Landesbanken, durch die Novellierung des Gesetzes über die Bausparkassen für die öffentlich-rechtlichen Bausparkassen und durch die Novellierung des Gesetzes über die Pfandbriefe und verwandten Schuldverschreibungen öffentlich-rechtlicher Kreditanstalten für die öffentlich-rechtlichen Hypothekenbanken, also für Wettbewerbsunternehmen gemacht worden.

Nun bin ich, wie Sie mich kennen, weder Revolutionär noch „Reformer" in dem Sinne, daß ich einem Entwicklungsfluß ein neues Bett graben wollte. Dies möchte ich den Entwicklungskräften selbst überlassen, die dazu ohne Zweifel in der Lage sind.

Mein Vorschlag geht nicht dahin, öffentlich-rechtliche Kreditinstitute von Gesetzes wegen generell in privatrechtliche Unternehmensformen zu transformieren, sondern ihnen selbst die Wahl der Rechtsform zu überlassen. Sie sollten selbst entscheiden können, ob sie die Vorteile des öffentlich-rechtlichen Status bei der gegebenen Begrenzung des Geschäftskreises festhalten wollen oder ob sie auf die Chance der Weiterentwicklung unter Aufhebung der Geschäftsbeschränkungen setzen, wenn sie in privatrechtlichen Unternehmensformen weiterarbeiten. Dies scheint mir auf längere Sicht eine brauchbare Strategie zu sein.

Damit sind über die künftigen Eigentumsverhältnisse dieser Kreditinstitute die Würfel noch nicht gefallen. Den Diskussionen darüber, wie öffentlich-rechtliche Kreditinstitute, die zu Wettbewerbsunternehmen geworden sind, zu „ersatzweisem" oder „nachrangigem" Eigenkapital (Haftungszuschläge für Anstaltslast und Gewährträgerhaftung, Finanzierung von Dotationskapital durch Aufnahme von Darlehen bei dem betreffenden Kreditinstitut, öffentlich-rechtliche stille Einlagen, Hafteinlagen von Privaten)[13] kommen könnten, wäre allerdings der Boden — zurecht — entzogen.

Mein Vorschlag, den ich bewußt als Angehöriger der Notenbank mache, ist — lassen Sie mich dies noch anfügen — sozusagen historisch erprobt: Wie Sie vielleicht wissen, lag die Befugnis zur Ausgabe von

---

[12] Bericht der Bundesregierung über die Untersuchung der Wettbewerbsverschiebungen im Kreditgewerbe und über eine Einlagensicherung, a.a.O., S. 41.

[13] Vgl. Deutscher Sparkassen- und Giroverband, Bonn: Überlegungen zur langfristigen Stärkung des Eigenkapitals der Sparkassen, Diskussionspapier (Kurzfassung), Februar 1977.
Heinz Herbert Karry, Banken und Marktwirtschaft, Thesen eines F.D.P.-Arbeitskreises, 14. September 1976.

Banknoten in Deutschland vor Erlaß des Bankgesetzes von 1875 in den Händen konzessionierter Privatbanken, sog. Zettelbanken. Keiner dieser Zettelbanken — es waren damals 33 Institute — ist die Konzession zur Notenausgabe je entzogen worden. Es wurden diesen Instituten nur für Notenbanken adäquate Geschäftsbeschränkungen auferlegt. Unmittelbar nach Erlaß des Bankgesetzes von 1875 gaben bereits 13 Privatnotenbanken ihre Konzession zurück und betrieben andere Bankgeschäfte. 1906 war die Zahl der Notenbanken auf fünf zusammengeschmolzen[14]. Am Ende blieb nur eine übrig: die Reichsbank.

---

[14] Otto Veit, Grundriß der Währungspolitik, 3. Aufl., Frankfurt 1969, S. 494.

IV. Verkennen die öffentlichen Unternehmen ihren Auftrag?

Von Karl Oettle

1. Forderungen nach Entstaatlichung und Quasi-Entstaatlichung

Die gegenwärtige Diskussion um die öffentlichen Unternehmen wird weithin mit unklaren Argumenten geführt. Außerdem ist sie teilweise durch verkehrte Fronten und paradoxe geistige Koalitionen gekennzeichnet.

Die einen fordern, aufgerüttelt vom Anwachsen der „Staatsquote", aus ordnungspolitischen Gründen, öffentliche Dienste zu entstaatlichen. Die anderen verteidigen bisheriges öffentliches Eigentum an Unternehmen. Sie werden darin von Dritten unterstützt, die den staatlichen Einfluß auf die Wirtschaft sogar vergrößern wollen und unter anderem die „Investitionslenkung" und die Verstaatlichung von Banken wünschen. Gemeinsam ist den beiden großen Gruppierungen die Forderung nach Quasi-Entstaatlichung bestimmter zuschußbedürftiger öffentlicher Dienste wie solchen des Verkehrs und des Gesundheitswesens.

Die Quasi-Entstaatlichung öffentlicher Betriebe besteht darin, sie wie private kaufmännische Unternehmungen nach dem Erwerbsprinzip zu führen, aber im öffentlichen Eigentum zu belassen. So jene sie fordern, die mit der Entstaatlichung die marktwirtschaftliche Ordnung verteidigen wollen, widersprechen sie, wie zu zeigen sein wird, eben ihren eigenen Ordnungsvorstellungen. Verteidiger öffentlichen Eigentums an Betrieben, die Quasi-Entstaatlichung verlangen, enthüllen, wie ebenfalls darzulegen ist, Hilflosigkeit, ergreifen gleichsam die Flucht nach vorn.

2. Auftraggeber und Auftragnehmer

Gleichgültig welchen Auftrag sie haben, sind öffentliche Unternehmen stets Instrumente des öffentlichen Eigentümers. Sollen sie dem Erwerbsprinzip gemäß wie private kaufmännische Unternehmungen geführt werden, so sollen sie ihrem Eigentümer offenbar durch Gewinnablieferungen dabei helfen, den Steuerbedarf zu vermindern. Sollen sie dem Dienstprinzip gemäß geführt werden, so sind ihnen ganz bestimmte Sach- und Dienstleistungsaufgaben gestellt, deren Erfüllung der Erzielung von Gewinn vorangeht.

Entscheidend für den Auftrag öffentlicher Unternehmen sind seine Eigentümer, und zwar in zweierlei Hinsicht. Zum einen erteilen sie ihm direkt bestimmte Aufträge, etwa auf den Gebieten des Verkehrs oder des Gesundheitswesens. Zum andern formen sie die Aufträge indirekt, nämlich durch die Bemessung etwaiger Zuschüsse, den Verweis auf die finanzielle Selbsterhaltung oder die Forderung bestimmter Gewinnablieferungen. Mittels dieser finanziellen Regulatoren werden die Möglichkeiten beeinflußt, die direkt erteilten Aufträge zu erfüllen. Die Wahl und die Bemessung eines finanziellen Regulators kann im Widerspruch zum direkt erteilten Auftrag stehen. Insoweit das der Fall ist, wird der deklaratorisch noch aufrechterhaltene direkte Auftrag tatsächlich annulliert.

Die öffentlichen Betriebe sind als Instrumente ihrer Eigentümer geborene Ausführungsorgane. Sie können jedoch durch die Art und Weise, wie ihr Eigentümer die ihm zustehende Auftragserteilung wahrnimmt, in dessen Rolle als Auftraggeber gedrängt werden. Die Selbstsetzung von Aufträgen ist notwendig, insoweit der Eigentümer dem Betrieb nur vage, inkonkrete Aufgaben vorgibt oder dem Betrieb ausdrücklich — etwa in einer Unternehmungsverfassung wie der für die Deutsche Bundespost vorgesehenen — auch die Stellung eigener Aufgaben überträgt. Wo das eine oder das andere vorliegt, brauchen die Leitungsorgane Vorstellungen über den Grundauftrag ihres Unternehmens, das heißt über den Sinn des öffentlichen Eigentums an ihm. Sonst haben sie überhaupt keinen Maßstab für die ihnen überlassene oder übertragene Konkretisierung von Aufgaben.

Stehen direkt erteilte Aufträge öffentlicher Betriebe in Widerspruch zu deren indirekter, finanzieller Formung, so sollte es für die Unternehmensleitung keineswegs, wie zu beobachten ist, selbstverständlich sein, sich mit der Maßgeblichkeit der letzteren abzufinden. Die Deklaration von Aufgaben durch den öffentlichen Eigentümer, an deren Erfüllung er selbst das Unternehmen auf finanziellem Wege hindert, ist kein staats- oder gemeindepolitischer Schönheitsfehler. Sie stellt vielmehr insofern eine Irreführung der Öffentlichkeit dar, als vorgegeben wird, etwas zu leisten, was unter den geschaffenen Bedingungen gar nicht geleistet werden kann. Die Unternehmensleitung hat meines Erachtens in einer solchen Lage eine treuhänderische Funktion gegenüber der Öffentlichkeit zu erfüllen, indem sie auf den Widerspruch hinweist und sich zum Anwalt seiner Lösung macht.

Wie der öffentliche Eigentümer kann auch die Unternehmensleitung die Möglichkeiten zur Erfüllung von Aufgaben finanziell beeinträch-

IV. Verkennen die öffentlichen Unternehmen ihren Auftrag? 69

tigen. Die Leitung läßt sich solches zuschulden kommen, insoweit sie das Unternehmen unwirtschaftlich führt, das heißt, die verlangten Sach- oder Dienstleistungen nicht auf die wirtschaftlichste Weise erzeugt und anbietet. In dem Maße, in dem Unwirtschaftlichkeiten vorkommen, werden Mittel verschwendet und damit der Aufgabenerfüllung entzogen. Der Wirtschaftlichkeitsauftrag gilt für jedweden Betrieb, unabhängig von der Art des Eigentums und vom instrumentalen Sinn. Wird der Wirtschaftlichkeitsauftrag von öffentlichen Unternehmen schlecht erfüllt, so ist es treuhänderische Aufgabe des öffentlichen Eigentümers, für Abhilfe zu sorgen. An sich wäre es überflüssig zu erwähnen, daß Wirtschaftlichkeit etwas ganz anderes als kaufmännische Rentabilität ist. Da in der Entstaatlichungsdiskussion unter anderem diese beiden Erfolgsgrößen zusammengeworfen werden, sei jedoch vorsichtshalber auf ihre Nicht-Identität hingewiesen.

Öffentliche Eigentümer und öffentliche Unternehmen sollten sich nach dem Dargelegten in bezug auf Auftrag und Auftragsausführung einander im Interesse des treuhänderischen Umgangs mit öffentlichen Mitteln als Gegenkräfte verstehen. Tun sie das nicht, so kommt es leicht zu einer „unheiligen Koalition" zwischen ihnen. Sie führt zur gegenseitigen Neutralisierung der jeweiligen Kontrollaufgaben und besteht darin, daß die Unternehmensleitung falsche Auftragsdeklarationen und der öffentliche Eigentümer Unwirtschaftlichkeit duldet. Die Ergebnisse sind gleichzeitige Irreführung und Ausbeutung der Bürgerschaft.

3. Rechtfertigungsgründe für öffentliche Unternehmen in marktwirtschaftlichen Systemen

In marktwirtschaftlichen Systemen gilt für die öffentliche Wirtschaftstätigkeit das Prinzip der Subsidiarität. Es besagt, daß die öffentliche Hand nur für Aufgaben tätig werden soll, die die private Wirtschaft von sich aus überhaupt nicht oder nicht in der politisch erwünschten Weise wahrnehmen würde. Wo das der Fall ist, ist öffentliche Wirtschaftstätigkeit gerechtfertigt. Diese ist nicht mit der Tätigkeit öffentlicher Unternehmen identisch. Sie kann sich verschiedener Instrumente bedienen, nämlich außer öffentlichen Unternehmen auch private in ihren Dienst nehmen. Sie kann sich auch darauf beschränken, private Wirtschaftstätigkeit zu überwachen.

Daß private Erwerbsunternehmungen benötigte Sach- oder Dienstleistungen gar nicht oder nicht in der politisch erwünschten Weise erbringen, kann verschiedene Gründe haben. Diese sind jeweils wirtschaftszweigspezifisch und möglicherweise, ebenso wie die politischen Maßstäbe, zeitgebunden. Insbesondere sind zu nennen geringe Chancen und große Risiken der kaufmännischen Rentabilität in einem Wirtschaftszweig überhaupt; Selektion von Leistungsarten, Kundenschichten, Bedienungsgebieten und Bedienungszeiten nach dem Gesichtspunkt dieser Rentabilität; Ausschöpfung von Lage-, Wege- und Leitungsmonopolen.

Außer (voll oder beschränkt) erwerbsstrebigen Unternehmungen umfaßt die private Produktivwirtschaft auch frei-gemeinnützige. Für sie gilt wie für die öffentlichen Betriebe das Dienstprinzip. Deshalb sind sie ebenso wie diese geeignet, tätig zu werden, wenn die private Erwerbswirtschaft sich versagt oder als unzureichend erweist. Mit privaten Erwerbsunternehmungen haben frei-gemeinnützige gemein, daß ihre Tätigkeit private Initiative voraussetzt, die von der öffentlichen Hand wohl angeregt, in freiheitlichen Systemen aber nicht befohlen werden und in unfreiheitlichen wohl befohlen, aber nicht beherrscht werden kann. Die private Initiative, die frei-gemeinnützige Wirtschaftstätigkeit voraussetzt, muß im Gegensatz zu der der privaten Erwerbstätigkeit mit der Bereitschaft gekoppelt sein, für Dritte Opfer zu bringen. Nach dem Subsidiaritätsprinzip soll die frei-gemeinnützige Wahrnehmung von Aufgaben des Gemeinwesens der öffentlichen vorangehen. Deshalb ist es eine ordnungspolitisch begründete öffentliche Aufgabe der Gemeinwesen selbst, etwa auf den Gebieten des Sozial-, Gesundheits- und Bildungswesens günstige Bedingungen für frei-gemeinnützige Initiativen zu schaffen und sich damit zugleich selbst von Aufgaben und Ausgaben zu entlasten. Hierbei müssen sie von ihren öffentlichen Unternehmen unterstützt werden. Diese würden unter unserer Ordnung gegen ihren Auftrag verstoßen, würden sie frei-gemeinnützige Alternativen in erwerbswirtschaftlicher Weise als Konkurrenz ansehen und behandeln.

4. Demontage von Rechtfertigungsgründen für öffentliche Unternehmen

Der skizzierte Unterschied der gesamtwirtschaftlichen Funktion privater kaufmännischer und öffentlicher Unternehmen bedingt eigentlich, daß jene nach dem Erwerbs-, diese aber nach dem Dienstprinzip geführt werden. Derzeit ist demgegenüber eine teils echte, teils scheinbare Konvergenz der Führungsprinzipien zu beobachten. Ihr einer, echter Aspekt besteht darin, daß öffentliche Unternehmen der Versorgungs-, Verkehrs-, Krankenhaus- und Bankwirtschaft zunehmend erwerbswirtschaftlich geführt werden. Der zweite Aspekt der gemeinten Konvergenz betrifft die privatunternehmerische Seite. Sie betont in zunehmendem Maß den sozialen Nutzen ihrer Tätigkeit. Dies geschieht möglicherweise allein oder vornehmlich in werblicher Absicht. Insoweit sie zugrundeliegt, konvergieren die Führungsprinzipien von der privatwirtschaftlichen Seite her nur scheinbar.

Die erwerbswirtschaftliche Führung öffentlicher Unternehmen schlägt sich darin nieder, daß diese genau jenen aufgezählten Gründen zuwiderhandeln, denen sie in einem marktwirtschaftlichen System ihre Existenzberechtigung verdanken. So werden zunehmend kaufmännisch überhaupt unrentable Dienste abgebaut, so werden Leistungsarten, Kundenschichten, Bedienungsgebiete und Bedienungszeiten nach eben dieser Rentabilität ausgewählt oder differenziert behandelt, und so werden Lage-, Wege- oder Leitungsmonopole ausgeschöpft. Einige Beispiele für die Folgen seien genannt: Wenn in der öffentlichen Versorgungs- und Verkehrswirtschaft nach der kaufmännischen Rentabilität entschieden wird, werden Bedienungsgebiete mit geringen Anschlußwerten schlechter behandelt als solche mit hohen. Dies widerspricht den erklärten raumwirtschaftspolitischen Ausgleichszielen und konterkariert raumwirtschaftspolitische Ausgleichsmaßnahmen anderer öffentlicher Instanzen. Wenn in der öffentlichen Verkehrs- und Krankenhauswirtschaft das kaufmännische Rentabilitätsstreben regiert, wird versucht, die jeweiligen tatsächlichen Benützer möglichst mit den vollen Kosten des Dienstes zu belasten, von dem auch die potentiellen Benützer und die indirekten Nutznießer profitieren. Wenn öffentliche Universalbanken die Beschränkung ihrer Erwerbsstrebigkeit aufgeben, nähern sie ihre Kundenselektion derjenigen der privaten Universalbanken an und ahmen privatwirtschaftlich bedenkliche Praktiken nach oder übertreffen sie gar.

5. Vorgebliche Sachzwänge und ihre ignorierten Konsequenzen

Der bezeichnete Wandel in der Führung öffentlicher Unternehmen wird gern als Zwang zur Anpassung an eingetretene marktliche Wandlungen, nämlich solcher der Bedarfs- und der Konkurrenzstruktur, erklärt. Zum Beispiel wird versucht, den Verzicht auf öffentliche Verkehrsaufgaben für Betriebe, die dessenungeachtet weiterhin im öffentlichen Eigentum bleiben sollen, so zu begründen, und zwar mit Veränderungen von Verkehrsbedarfen und mit dem Aufkommen sehr wettbewerbsfähiger Substitutionskonkurrenten des Schienenverkehrs. Dabei wird jedoch dreierlei ignoriert: (1) Marktliche Wandlungen können wohl bisherige öffentliche Aufgaben ihres Sinnes entleeren, aber zugleich auch Anlaß geben, neue (politisch) zu konstituieren. (2) Bedarfe sind politisch beeinflußbar und werden politisch beeinflußt. (3) In einem marktwirtschaftlichen System erlöschen die stichhaltigen Gründe öffentlicher Wirtschaftstätigkeit, wenn eine zunehmende privatwirtschaftliche Konkurrenz um die Befriedigung bisher erheblichenteils öffentlich gedeckter Bedarfe die politisch Verantwortlichen dazu bringt, die einschlägigen öffentlichen Aufgaben ersatzlos wegfallen zu lassen.

Die Thesen seien am Beispiel der Eisenbahn kurz erläutert: (1) Die heftige Konkurrenz von Kraftfahrt, Binnenschiffahrt und Luftfahrt würde es zweifellos gestatten, bisherige öffentliche Aufgaben der Fernverkehrsbedienung von Ballungsgebieten für beendet zu erklären. An ihre Stelle könnten aber neue Aufgaben treten, die sich aus sozialen Kostenvorteilen ergeben, die der Schienenverkehr in bezug auf die Unfallopfer, die Energieaufwendigkeit, die Luftbelastung, die Raumaufwendigkeit und die Lärmaufwendigkeit gerade auch in Ballungsgebieten gegenüber konkurrierenden Verkehrsmitteln bei guter Ausnützung seiner Möglichkeiten haben kann. (2) Die Verkehrsbedarfe haben sich nur zum Teil spontan verändert. Zum Teil ist ihr Wandel darauf zurückzuführen, daß die Verkehrspolitik ganz bestimmte kosten- und auch nutzenwirksame Daten gesetzt hat, die die Verkehrsmittelwahl und das Verkehrsvolumen beeinflussen. Das neueste Beispiel ist die Beeinflussung der Wagengrößenwahl, die der neue Präsident der USA beabsichtigt. Bei uns und anderswo sind die verkehrspolizeilichen Bedingungen der Zulassung von Fahrzeugen und Fahrzeugführern zu den verschiedenen Verkehrszweigen ein Mittel, das mit seiner imparitätischen Handhabung sehr wirksam zuungunsten des öffentlichen Verkehrs eingesetzt wird. Als drittes Beispiel sei die Personentarifpolitik der Eisenbahn genannt, die dieses geborene Massenverkehrsmittel zumindest im Fernverkehr zum Luxusverkehrsmittel macht, weil sie u. a. der Personenzahldegression der Kosten des Personenkraftverkehrs nichts oder zuwenig entgegenstellt. (3) Sollte es dabei bleiben, daß der Eisenbahn zumindest im Fernverkehr zwischen Ballungsgebieten und in der Flächenbedienung keine nennenswerten öffentlichen Aufgaben mehr zugesprochen werden, müßte sie nach dem, was vorher (im 3. Abschnitt) ausgeführt wurde, unserem Wirtschaftssystem gemäß privatisiert werden. Davon ist jedoch im Gegensatz zu dem Wegfall der öffentlichen Aufgaben keine Rede. Übersehen wird auch, daß eine Eisenbahn, die von der öffentlichen Hand wie ein quasi-privatwirtschaftliches Fernverkehrsunternehmen betrieben wird, raumwirtschaftspolitische Ausgleichsaufgaben negativ berührt. Sie würde nämlich die Verkehrsgunst der Ballungsgebiete selbst dann gegenüber den Randgebieten erheblich weiter verbessern, wenn deren Verkehrsbedienung nicht zugleich verschlechtert werden sollte. Die negative raumwirtschaftliche Wirkung wäre bei einer echten Privatisierung wahrscheinlich sogar etwas geringer, weil sich die private Hand wegen der derzeitigen geringen Chancen und hohen Risiken der kaufmännischen Rentabilität des Eisenbahngeschäfts vermutlich auf das Betreiben einiger weniger Hauptabfuhrstrecken im Stile von Kolonialbahnen beschränken würde.

V. Podiumsdiskussion zu den Referaten von Ernst Herrmann Erich Potthoff, Fritz Duppré und Karl Oettle geleitet von Peter Eichhorn

Berichterstatter: Bernd Rückwardt

Die Diskussion konzentrierte sich auf vier Problembereiche und zwar auf die Frage nach der Dimensionalität der Ziele öffentlicher und privater Unternehmen, auf die Art der Aufgabenerfüllung durch öffentliche Unternehmen, das Problem der Rationalisierung bei öffentlichen Unternehmen und auf die Rückbesinnung auf den öffentlichen Auftrag.

1. Professor Dr. Peter *Eichhorn*, Hochschule Speyer, vertrat die These, daß eine Zielverwirklichung bei privaten Unternehmen im Falle des Zieles „Gewinnstreben" wegen dessen Eindimensionalität einfacher sei als bei vielen öffentlichen Unternehmen, die ein komplexes Zielbündel anzusteuern hätten. Ministerialdirektor Dr. Ernst *Herrmann*, Bundespostministerium Bonn, schränkte diese These sein, indem er sie zwar formal für einleuchtend hielt, sie aber nicht aufrecht zu erhalten sei, wenn man die möglichen Sachziele definiert. Dann ergäben sich auch für private Unternehmen komplexe Zielbündel, die nicht zuletzt durch die grundgesetzlich vorgeschriebene Sozialverpflichtung des Eigentums bedingt sind. Bei öffentlichen Unternehmen handele es sich nur um eine andere Akzentuierung der Ziele. Nach Ansicht von Professor Dr. Erich *Potthoff*, WIBERA Wirtschaftsberatung AG, Düsseldorf, orientiere sich die Mehrzahl privater Unternehmen nicht nur an der Gewinnerzielung; dennoch könne man eine Priorität zugunsten des Erwerbszieles registrieren. Im allgemeinen seien gewisse Ähnlichkeiten zwischen den Zielbündeln privater und öffentlicher Unternehmen festzustellen. Aufgrund der andersgearteten und auch wechselnden Prioritäten bei den öffentlichen Unternehmen seien doch Unterschiede in der von *Eichhorn* dargelegten These zu vermerken, die vor allem aus dem öffentlichen Auftrag resultieren.

Professor Dr. Karl *Oettle*, Universität München, stellte sich auf den Standpunkt, daß der Gegensatz Eindimensionalität versus Mehrdimensionalität sich nicht so kraß stelle, da die privaten Unternehmen neben dem Ziel der Gewinnmaximierung weitere Oberziele verfolgen, wie Rentabilität, Sicherheit und Unabhängigkeit. Bei öffentlichen Unternehmen besäßen die Finanzen eine mittelbare Bedeutung, d. h. man würde nicht um ihretwillen tätig. Vielmehr stünde der öffentliche Auftrag im Vordergrund — oder sollte zumindest im Vordergrund stehen —, der sich in Form von Darbietungszielen interpretieren läßt. Öffentliche Unternehmen existieren nicht um ihrer selbst willen, sondern stellten Instrumente dar, denen das bloße Verfolgen von Erhaltungszielen bestritten werden müsse. Für das Vorliegen unterschiedlicher Zieldimensionen spricht nach Auffassung *Eichhorns*, daß bei privaten Unternehmen das Rechnungswesen erwerbswirtschaftlich ausgerichtet ist, d. h. daß das Erreichen der Zielgröße Gewinn festgestellt werden kann. Bei öffentlichen Unternehmen bestehe hier eine Diskrepanz; denn aufgrund des komplexen Zielbündels sei das Rechnungswesen nicht in der Lage, den Erfolg des öffentlichen Unternehmens zu messen.

2. Die These *Oettles*, wonach öffentliche Unternehmen Ausführungsorgane seien, stellte *Eichhorn* noch einmal zur Diskussion. Wenn diese These stimme, könne das für das Management wegen der häufig nur pauschal vorgegebenen Ziele die Aufforderung bedeuten, das Beste aus der jeweiligen Situation zu machen. Präsident Professor Fritz *Duppré*, Landeszentralbank in Rheinland-Pfalz, Mainz, widersprach dieser These mit dem Hinweis, daß sie für den Bankensektor nicht zutreffe. Hier fielen echte Managemententscheidungen. Es könne folglich von einer Ausführung nicht gesprochen werden. *Oettle* erläuterte daraufhin seine These noch einmal und stellte fest, daß öffentliche Unternehmen als geborene Ausführungsorgane begriffen werden könnten. Allerdings räumte er ein, daß die Realität gewöhnlich anders aussehe, da die öffentlichen Aufträge vielfach vage formuliert seien. Die Geschäftsleitung müsse deshalb in konkreten Entscheidungssituationen häufig selbständig Maßstäbe setzen. So komme es, daß die Geschäftsleitung wesentliche Oberziele selbst setze, was dort zu einer Zone der Fragwürdigkeit des öffentlichen Eigentums führen könne, wo einfach nach privatunternehmerischen Grundsätzen gewirtschaftet wird.

Potthoff stellte auf diese Erläuterung hin an *Oettle* die Frage, ob es öffentliche Unternehmen noch geben sollte, wenn Ausführung im Sinne von Verwaltungsvollzug verstanden werde. *Oettle* differenzierte zwischen Auftragsführung, die bei öffentlichen Unternehmen vorliege, und Befehlsführung, wie sie zum Teil beim Verwaltungsvollzug zu finden sei. Als maßgebliche Instanz für das Setzen von Maßstäben käme der Auftraggeber in Betracht, der allerdings häufig überfordert sei, vor allem wenn der Auftrag von Politikern formuliert werde. Auf den Einwand von *Potthoff,* die kommunalen Versorgungsunternehmen hätten einen klaren Auftrag, erwiderte *Oettle,* daß er den Begriff des Auftrages weiter fasse. Kritisch wies er darauf hin, daß öffentliche

Unternehmen auch dann weitergeführt werden, wenn Aufgaben wegfallen, beispielsweise durch Bedarfsverschiebungen. Dies sei verkehrt. Dem öffentlichen Unternehmen müsse entweder ein anderer Gegenstand vorgegeben werden oder man müsse es schließen.

Herrmann ergänzte, daß zwischen Zielsetzung und Zielkonkretisierung unterschieden werden müsse. In dem von *Oettle* zitierten Beispiel sollte es zu einer neuen Rollenverteilung kommen. Nach einer neuformulierten Zielsetzung hätte der Prozeß der Zielkonkretisierung einzusetzen, der den Ausführenden eindeutige Richtlinien vorgäbe.

3. *Eichhorn* griff anschließend das Thema der Rationalisierung bei öffentlichen Unternehmen auf. Er fragte, ob nicht der Zwang zur Rationalisierung entfiele bzw. abgeschwächt werde, wenn ein Verlustausgleich von vornherein feststeht. Man müsse fragen, inwieweit ein Verlustausgleich ein Ausgleich für Unwirtschaftlichkeit sei. *Oettle* gestand zu, daß beide Merkmale zuträfen. Die öffentliche Wirtschaft müsse mit dem Problem leben, daß Unwirtschaftlichkeiten auf diese Weise vertuscht werden können, da ein Patentrezept gegen Unwirtschaftlichkeit nicht existiere. Im übrigen sei auch die private Wirtschaft nicht vor Unwirtschaftlichkeit gefeit. Betrachtet man auf der anderen Seite die öffentliche Verwaltung, so müßte, wenn die These stimmt, daß nur bei Vorliegen von Wettbewerb wirtschaftlich gearbeitet werden könne, die Betriebswirtschaftslehre vor den öffentlichen Verwaltungen kapitulieren. Die öffentlichen Unternehmen befänden sich in einer Mittelstellung. Es gebe einige öffentliche Unternehmen, die als Monopolbetriebe anzusehen sind. Hier fehle der Druck des Marktes zur Rationalisierung. Dieser Druck sei aber bei den öffentlichen Unternehmen vorhanden, die sich in Wettbewerbssituationen befinden.

Herrmann bestätigte die Bedeutung des Wettbewerbs als Druckmittel zur Rationalisierung. Allerdings müsse jeweils auf den Einzelfall abgestellt werden. So seien Rationalisierungsmaßnahmen bei der Deutschen Bundesbahn und bei der Deutschen Bundespost schwerer durchzuführen, weil der Kreis der Betroffenen sehr groß sei. *Duppré* vertrat die Auffassung, daß viele öffentliche Unternehmen einen geringeren Marktdruck empfänden, da ein Gewährträger vorhanden sei. Es gäbe zahlreiche öffentliche Unternehmen mit einem klar umrissenen öffentlichen Auftrag. Für diese sei es unumgänglich, einen Ausgabenausgleich durchzuführen. *Oettle* sah das Problem weniger auf Seiten der öffentlichen Unternehmen als bei den öffentlichen Verwaltungen. Die Ursache für den fehlenden Rationalisierungsdruck liege heute in der saturierungsorientierten Personalwirtschaft. So könne man zu wenig treuhänderischen Mut und zu wenig Widerstand gegen ein Übermaß an Ansprüchen feststellen. Einzelne Beamtengruppen hätten das Besoldungsgefüge mit der Folge ins Wanken gebracht, daß die öffentlichen Unternehmen dem daraus resultierenden Druck nicht mehr standhalten konnten.

Einen anderen Standpunkt vertrat *Potthoff*. Da die Gemeindeordnungen einen jährlichen Nachweis der Wirtschaftlichkeit seitens der kommunalen Unternehmen forderten, sei der Rationalisierungsdruck stark genug. *Potthoff* plädierte dafür, diese Praxis möglichst weit auszudehnen. Zwar seien Defizite nicht immer vermeidbar, jedoch könne unabhängig davon wirtschaftlich gehandelt werden, denn auch Verlustminimierung sei ein Ausdruck wirtschaftlicher Verhaltensweisen.

Eichhorn brachte einen weiteren Aspekt in die Diskussion. So verstehe man häufig unter Rationalisierung Personaleinsparungen. Das führe jedoch oft zu Leistungseinschränkungen, so daß die Wirtschaftlichkeit letztlich nicht verbessert werde. Man habe darüber zu befinden, wie derartige Rationalisierungsmaßnahmen zu bewerten seien. Grundsätzlich müsse eine Orientierung an Zielen erfolgen. So sei kaum verständlich, was die Deutsche Bundesbahn mit der Berechnung eines optimalen Streckennetzes gemeint habe. Wenn darunter ein betriebswirtschaftlich kostendeckendes Netz verstanden werde, so könne das sicher nicht als Rationalisierung in dem hier verstandenen Sinne bezeichnet werden. *Herrmann* stimmte dem zu und ergänzte, daß es sich um politische Entscheidungen im Hinblick auf den gesellschaftlichen Gesamtnutzen handeln müsse. Allerdings fehlten die Instrumente, die es erlaubten, Aussagen über ein allgemeines Wertgefühl zu machen. *Eichhorn* verwies in diesem Zusammenhang auf das Vorhandensein einer Reihe von Ansätzen zur Entwicklung eines gemeinwirtschaftlichen Rechnungswesens. Die Übertragung auf die Praxis sei aber primär Sache der Politiker. *Herrmann* modifizierte diese Auffassung mit dem Hinweis, daß es auch zur Aufgabe der Wissenschaftler gehöre, für eine Operationalisierung zu sorgen. Man einigte sich darauf, daß man sowohl die Politiker als auch die Wissenschaftler nicht überfordern dürfe. *Oettle* vertrat den Standpunkt, daß Nutzenentscheidungen politischer Natur seien und sich damit einer exakten Quantifizierung entziehen. Es gäbe aber eine Fülle von Nutzenkategorien technisch-naturaler und monetärer Art, die für soziale Kosten-Nutzen-Analysen herangezogen werden könnten. Man müsse sich aber hüten, aufgrund der Mehrdimensionalität sowohl der Entscheidungen als auch der Konsequenzen ähnliche Ergebnisse zu erwarten wie sie das kaufmännische Rechnungswesen ermöglicht. Eine Auflistung des unterschiedlich quantifizierbaren Materials sei bereits ein wesentlicher Schritt zur Verbesserung der Entscheidungsgrundlagen. *Potthoff* ergänzte diese Ausführungen *Oettles* mit dem Hinweis, daß ausgehend vom Wirtschaftlichkeitsprinzip in der Form des Minimal- bzw. Maximalprinzips ein bestimmtes Kosten-Leistungsverhältnis gesucht werde, das auch für öffentliche Unternehmen Gültigkeit besitze. Da in vielen Fällen die Leistung vorgegeben sei, gehe es darum, die Kosten zu minimieren. Mit einem Beispiel aus dem Nahverkehrsbereich belegte *Potthoff* diese Forderung. Er sprach sich nochmals für die Ausweitung dieses Denkansatzes auch auf Unternehmen außerhalb der Kommunen aus.

4. *Eichhorn* forderte die Rückbesinnung auf den öffentlichen Auftrag. Dazu müsse zunächst geklärt werden, in welchem Umfang der öffentliche Auftrag bei öffentlichen Unternehmen noch gegeben sei. Erst dann sei die Frage zu beantworten, ob man in stärkerem Umfange den Weg der Privatisierung gehen solle. *Duppré* beantwortete die Frage für den Banken- und Sparkassensektor. Er hielt die Entwicklung der Landesbanken und Kreissparkassen zu Universalbanken für eine Denaturierung, da die eigentliche Aufgabe dieser Institutionen darin bestand, dem öffentlichen Sektor mit ihren Bankenleistungen zur Verfügung zu stehen. Der Gesetzgeber habe den Fehler gemacht, daß er es zuließ, den Geschäftsbereich auszudehnen. Wenn aber keine Beschränkung des Geschäftsbereichs mehr gewollt sei, gäbe es auch keine Begründung dafür, daß die Sparkassen dem öffentlichen Recht unterliegen. *Duppré* sprach sich für eine Umwandlung der Sparkassen in eine andere Rechtsform aus, soweit der öffentliche Auftrag nicht mehr gegeben sei. Wenn seitens der Sparkassen der Wunsch bestehe, auch andere Aufgaben zu übernehmen, sollten andere Rechts- und Organisationsformen gefunden werden. Allerdings stelle sich die Frage, was der öffentliche Auftrag sei.

Oettle versuchte, auf diese Frage eine Antwort zu geben. Man müsse zunächst zwischen nachhaltigen und vorübergehenden öffentlichen Aufgaben unterscheiden. Bei einem Großteil der Industrieunternehmen in öffentlicher Hand könne man lediglich eine Übergangshilfsaufgabe feststellen. Sei diese Aufgabe erfüllt, könne man die Privatisierung in Erwägung ziehen. Andere öffentliche Unternehmen erfüllten Sanierungsaufgaben. Auch diese Aufgaben seien vorübergehend, so daß sich hier die gleiche Konsequenz anböte. Vielfach müsse man aber feststellen, daß sich bei öffentlichen Unternehmen mit vorübergehenden öffentlichen Aufgaben die Tendenz entwickle, daraus Daueraufgaben zu machen. Das sei etwa der Fall, wenn die Beschäftigung bestimmter Lieferantenzweige gewährleistet werden soll. Hier müsse auf die Gefahr hingewiesen werden, daß der zukünftige Aufwand für die Erledigung bestimmter Aufgaben von den Lieferanten beeinflußt werde, ohne daß sicher sei, ob es sich dann noch um eine öffentliche Aufgabe handele. Als Beispiel nannte *Oettle* die hohen Aufwendungen für die Transportmittel der Zukunft. So seien die Lieferanten an mehr Verkehrsleistungen und nicht etwa an weniger Verkehrsleistungen interessiert.

Es stelle sich die Frage, ob nicht bestimmte Grenzen überschritten würden.

Dr. Wolf-Dieter *Becker*, Verband öffentlicher Banken, Bonn-Bad Godesberg, setzte sich mit dem Begriff des öffentlichen Interesses auseinander. Nach seiner Auffassung sei das öffentliche Interesse zeitbezogen. Es müsse ständig neu definiert werden, da es sich dauernd wandele. Folglich könne es nicht richtig sein, sich immer auf den ursprünglichen öffentlichen Auftrag zu beziehen, der darüber hinaus gewöhnlich nicht genau definiert worden sei. *Becker* führte weiter aus, daß mit einer Privatisierung eines öffentlichen Unternehmens der öffentliche Auftrag nicht verloren gehen könne. Ministerialrat Dr. Rudolf *Eiermann*, Deutsche Bundesbahn, Frankfurt, äußerte sich in der gleichen Richtung. Auch er vertrat die Meinung, daß der öffentliche Auftrag fortlaufenden Änderungen unterworfen sei. Diesen Änderungen müsse der Staat durch entsprechende Gesetze Rechnung tragen. Exemplarisch führte er die sich wandelnden Aufgaben der Deutschen Bundesbahn an, die aufgrund von Nachfrageverschiebungen entstünden. Ministerialrat Dr. Helmut *Meier*, Bundesrechnungshof, Frankfurt, fragte nach dem öffentlichen Auftrag der Deutschen Bundespost, Bankgeschäfte wahrzunehmen. *Herrmann* antwortete, das Leistungsbündel der Post sei historisch gewachsen. Er sprach sich dagegen aus, dieses Bündel auseinanderzunehmen.

Dr. Rolf *Ganter*, Universität Mannheim, brachte einen Beitrag zum Begriff der Kostendeckung. Es sei nicht klar, was man darunter zu verstehen habe. So müsse festgelegt werden, ob der verwendete Kostenbegriff Gewinnbestandteile etwa in Form kalkulatorischer Abschreibungen auf den Wiederbeschaffungswert oder erhöhter kalkulatorischer Zinsen enthalten dürfe. Die unterschiedliche Handhabung des Kostenbegriffes wirke sich entscheidend auf die Festsetzung von Gebühren und Beiträgen und somit auch auf den wirtschaftlichen Erfolg öffentlicher Einrichtungen aus.

In seinem Schlußwort stellte *Eichhorn* fest, daß die Probleme der Aufgabenerfüllung öffentlicher Unternehmen auf Versäumnisse der politischen Instanzen zurückzuführen seien, die es nicht verstanden hätten, einen klaren öffentlichen Auftrag vorzugeben. Mit dieser Feststellung könne man die Führungskräfte in öffentlichen Unternehmen wesentlich entlasten.

VI. Politische und administrative Einflußnahme auf Unternehmen des industriellen Bundesvermögens

Von Bruno Kropff

1. Formen der Einflußnahme

a) Rechtliche Bedingungen

Während im Ausland staatlicher Industriebesitz oft in der Rechtsform einer speziell dafür geschaffenen Körperschaft des öffentlichen Rechts geführt wird, überwiegt bei uns ganz eindeutig die privatrechtliche Gesellschaftsform. Namentlich sind die Industriebeteiligungen des Bundes überwiegend in Konzernen zusammengefaßt, die unter der Leitung einer Aktiengesellschaft stehen: der Salzgitter AG, der Saarbergwerke AG, der VIAG und — an diesen Gesellschaften besteht allerdings kein Mehrheitsbesitz der öffentlichen Hand — der VEBA AG und der Volkswagenwerk AG. Auch die großen Unternehmen im mittelbaren Bundesbesitz, wie die Stahlwerke Peine-Salzgitter AG, die Howaldtswerke - Deutsche Werft AG oder die Vereinigte Aluminium-Werke AG sind als Aktiengesellschaften organisiert. Bei den anderen unmittelbaren und mittelbaren Bundesbeteiligungen überwiegt zwar die Rechtsform der Gesellschaft mit beschränkter Haftung. Aufgrund der Gesellschaftsverträge gelten aber auch hier durchweg aktienrechtliche Organisationsgrundsätze. Diese Tendenz wird sich unter dem Einfluß des neuen Mitbestimmungsgesetzes, das dem Aufsichtsrat der großen Gesellschaften mit beschränkter Haftung im wesentlichen die aktienrechtlichen Befugnisse zuweist, künftig noch verstärken.

Für Art und Ausmaß öffentlicher Einflußnahmen ist das von nicht zu unterschätzender Bedeutung. Das Aktiengesetz regelt die Zuständigkeiten und die Verantwortung der Gesellschaftsorgane im wesentlichen zwingend. Danach hat der Vorstand die Geschäfte unter eigener Verantwortung zu leiten (§ 76 AktG). Die Hauptversammlung, also der Aktionär, kann grundsätzlich nicht über Fragen der Geschäftsführung entscheiden (§ 119 AktG). Auch der Aufsichtsrat kann — von Sonderregelungen im Bereich der Mitbestimmung abgesehen (§ 32 MitbestG, § 15 MitbestErgG) — keine Maßnahmen der Geschäftsführung treffen.

Er bestellt aber die Geschäftsführung und kann — dies sichert ihm erheblichen Einfluß — die Vornahme bestimmter Arten von Geschäften an seine Zustimmung binden (§ 111 Abs. 1 AktG).

Diese zwingenden Organisationsgrundsätze gelten auch dann uneingeschränkt, wenn die öffentliche Hand beteiligt ist; sogar, wenn sie Alleinaktionär ist. Für Einflußnahmen der öffentlichen Hand auf die Geschäftsführung gibt es — anders als im Bereich der Kontrollmöglichkeiten (vgl. §§ 53, 54 HGrG) — keine Sonderregelung. Die Geschäftsführung obliegt vielmehr auch bei den Unternehmen der öffentlichen Hand dem Vorstand in eigener aktienrechtlicher Verantwortung.

Die mit der privatrechtlichen Gesellschaftsform verbundenen Beschränkungen der Einflußnahme legen die Frage nahe, warum das Industrievermögen der öffentlichen Hand in dieser Rechtsform geführt wird. Der Grund liegt einmal darin, daß die Struktur der Aktiengesellschaft mit ihrer deutlichen Trennung zwischen Geschäftsführung und Überwachung wohl optimal auf die Leitungserfordernisse eines Großunternehmens zugeschnitten ist. Ferner entspricht die zwingende Organisation der Aktiengesellschaft dem Bedürfnis nach Verkehrssicherheit, dem auch die Unternehmen der öffentlichen Hand etwa bei Kooperationen mit der Privatwirtschaft oder bei Betätigung im Ausland Rechnung tragen müssen. Schließlich hat diese Organisationsform auch für die öffentliche Hand den wichtigen Vorzug, daß die Leitungskompetenz klar geregelt und mit entsprechender Verantwortlichkeit verbunden ist.

b) Tatsächliche Bedingungen

Da rechtlicher Ansatzpunkt für Einflußnahmen der öffentlichen Hand vor allem der Aufsichtsrat ist, mag es überraschen, daß der Bund in den Aufsichtsräten seiner Industrieunternehmen nur eine relativ bescheidene Position beansprucht. Wo der Aufsichtsrat paritätisch mitbestimmt ist, entfällt schon von Rechts wegen die Möglichkeit, ihn mehrheitlich mit Personen zu besetzen, die kraft Amtes oder besonderen Auftrags als Vertreter des Bundes angesehen werden könnten. Hiervon abgesehen hat aber das Bundeskabinett im Jahre 1974 Richtlinien für die Besetzung von Aufsichtsräten beschlossen, nach denen das einzelne Bundesressort nur durch *einen*, höchstens durch zwei Bedienstete vertreten sein soll und im übrigen auch sachverständige Personen, die nicht dem öffentlichen Dienst angehören, namentlich Persönlichkeiten aus der Wirtschaft, Mitglieder der Überwachungsorgane sein sollen. Dementsprechend ist der Bund in den Obergesellschaften der großen Bundeskonzerne meistens nur durch je einen Beamten des Bundesfinanz- und des Bundeswirtschaftsministeriums vertreten. Bei den Tochter- und Enkelgesellschaften gehört neben den Vertretern der

VI. Einflußnahme auf Unternehmen des industriellen Bundesvermögens 81

Obergesellschaft — nach den erwähnten Richtlinien sollen es höchstens zwei Vertreter sein — je nach Größe oft nur ein Beamter des zuständigen Ressorts dem Aufsichtsrat an. Von den insgesamt 482 Aufsichtsratsmandaten der Anteilseigner, die 1975 beim industriellen Bundesvermögen vorhanden waren, waren rd. 10 v. H. durch das fachlich zuständige Bundesfinanzministerium, weitere rd. 10 v. H. durch andere Bundesressorts und rd. 13 v. H. durch Vertreter der Länder besetzt. Mehr als zwei Drittel der Mandate entfielen mithin auf andere Personen, und zwar zu einem großen Teil auf Herren aus dem Bankenbereich und der sonstigen Privatwirtschaft.

Diese Selbstbeschränkung mag um so mehr erstaunen, als die Bundeshaushaltsordnung in § 65 Abs. 1 Nr. 3 ausdrücklich fordert, daß sich der Bund einen angemessenen Einfluß insbesondere im Aufsichtsrat sichert. Man kann diesen scheinbaren Widerspruch nicht mit der Überlegung auflösen, daß die öffentliche Hand als Mehrheits- oder gar Alleinaktionär nicht auf den Weg über die gesellschaftsrechtlichen Organe, also Hauptversammlung und Aufsichtsrat, angewiesen sei, sondern auch außerhalb der gesellschaftsrechtlichen Zuständigkeitsordnung über Mittel und Wege zur Durchsetzung ihres Willens verfüge. Gewiß gilt auch im öffentlichen Bereich der Erfahrungssatz, daß kein Unternehmen auf die Dauer gegen die grundsätzlichen Absichten seines Eigentümers geführt werden kann. Er gilt naturgemäß vor allem bei den allein der öffentlichen Hand gehörenden Unternehmen, die also auch hinsichtlich ihrer Kapitalbeschaffung auf den Haushalt angewiesen sind; darin liegt angesichts der chronischen Unterkapitalisierung der öffentlichen Unternehmen eine nicht zu unterschätzende Einflußmöglichkeit. Gleichwohl erübrigt der unmittelbare Kontakt zwischen Vorstand und öffentlichem Anteilseigner keineswegs den gesellschaftsrechtlichen Entscheidungsprozeß, vor allem also die Zustimmung des Aufsichtsrats zu den wesentlichen geschäftspolitischen Maßnahmen. Namentlich bei mitbestimmten Unternehmen kann durchaus nicht ohne weiteres unterstellt werden, daß der Aufsichtsrat eine unmittelbar zwischen Vorstand und Großaktionär erarbeitete Entscheidung ohne weiteres mitvollziehen werde. Er muß vielmehr überzeugt werden. Auf die Entscheidungen des Aufsichtsrats nimmt der Bund nicht durch administrative Verfügung, sondern durch Argument und Dialog, in der Auseinandersetzung mit anderen Entscheidungsträgern Einfluß. Ob diese Form adäquat ist, wird nunmehr anhand des materiellen Gehalts möglicher Einflußnahmen zu analysieren sein.

2. Materielle Ziele der Einflußnahme

a) Aufgaben der Industrieunternehmen des Bundes

Über die Aufgaben der Industrieunternehmen des Bundes haben vor nicht langer Zeit die Herren Hirsch und Püttner (Zeitschrift für Verwaltungswissenschaft 1976, S. 453) eingehend referiert, so daß ich hier kurz zusammenfassen kann:

Der Industriebesitz des Bundes ist weder durch Verstaatlichung noch sonst nach einheitlichem Plan entstanden. Bei Salzgitter und VIAG standen rüstungs- und autarkiewirtschaftliche Gesichtspunkte am Anfang. Die VEBA und die Saarbergwerke AG gehen auf frühere preußische Bergwerksbeteiligungen zurück. Der Werftbesitz des Bundes entstand daraus, daß das Reich in Notzeiten die Howaldtswerke in Hamburg und Kiel übernahm. Und die Entstehung des Volkswagenwerks ist bekannt.

Der mehr oder weniger zufällige Ursprung darf aber nicht darüber hinwegtäuschen, daß die Industriebeteiligungen des Bundes heute jeweils bestimmte gesamtwirtschaftliche Aufgaben vor allem im Bereich der regionalen und sektoralen Strukturpolitik erfüllen, und daß diese Aufgaben auch die Entwicklung und Schwerpunktbildung der einzelnen Bundeskonzerne in der Nachkriegszeit bestimmt haben. Nicht zufällig liegen diese Schwerpunkte heute in Randgebieten, die sich traditionell durch hohe Arbeitslosenquoten und oft auch durch eine risikobehaftete Monostruktur und eine schwache Infrastruktur auszeichnen. So sind die Stahlwerke Peine-Salzgitter AG mit ihrem Kranz von Stahlverarbeitungsunternehmen der nach dem Volkswagenwerk wichtigste Arbeitgeber im südost-niedersächsischen Grenzgebiet. Im wirtschaftlich bedrohten Berlin verfolgte die Gründung der DIAG — Deutsche Industrieanlagen GmbH — 1967 das Ziel, die schwachen und zersplitterten Unternehmen des Berliner Maschinenbaus zu einer überlebensfähigen Gruppe zu bündeln. Der Werftbetrieb der Howaldtswerke - Deutsche Werft AG in Kiel ist in dem oft als Armenhaus der Bundesrepublik bezeichneten Schleswig-Holstein der größte Arbeitgeber. Auf die Bedeutung des Saarbergbaus für das Saarland und die saarländische Hüttenindustrie brauche ich nicht weiter einzugehen.

Daneben stehen Aufgaben im Bereich der sektoralen Strukturpolitik. Ein Beispiel ist die Schaffung einer international wettbewerbsfähigen deutschen Mineralöl-Gruppe durch Einbringung der Mehrheit des Bundes an der Gelsenberg AG in die VEBA.

Auf die Einzelheiten der öffentlichen Aufgabe kann ich hier nicht eingehen. Wesentlich erscheint mir aber erstens, daß es sich jeweils um eine langfristig festliegende, oft bis zur Gründung zurückreichende und

VI. Einflußnahme auf Unternehmen des industriellen Bundesvermögens

durch den satzungsmäßigen Unternehmensgegenstand abgedeckte öffentliche Aufgabe handelt. Es ist nicht, jedenfalls nicht primär Aufgabe des industriellen Bundesvermögens, die je nach der konjunkturellen Entwicklung wechselnden Zielvorgaben der aktuellen Wirtschaftspolitik zu unterstützen. Zweitens erscheint mir wichtig, daß diese öffentliche Aufgabe eine Führung des Unternehmens nach kaufmännischen, erwerbswirtschaftlichen Gesichtspunkten erfordert. Insbesondere gilt das privatwirtschaftliche Ziel, Gewinn zu erwirtschaften, auch für die Industrieunternehmen des Bundes. Ich will das am Beispiel der regionalen Strukturpolitik verdeutlichen. Unternehmen mit dieser Aufgabe müssen gewinnorientiert arbeiten, weil Gewinne Voraussetzung für Investitionen sind; nur Investitionen können aber die vorhandenen Arbeitsplätze langfristig wirklich sichern und neue Arbeitsplätze schaffen. Die privatwirtschaftliche Orientierung ist zudem ein wesentliches Steuerungsinstrument. Die Industrieunternehmen des Bundes stehen, und das unterscheidet sie von vielen anderen Bereichen der öffentlichen Wirtschaft, uneingeschränkt im Wettbewerb mit privaten Konkurrenten. Um aber in diesem Wettbewerb bestehen zu können, müssen sie wie ihre privaten Konkurrenten die kostengünstigste Produktion, die erfolgversprechendste Absatzstrategie, die rationellste Organisation anstreben. Die Industrieunternehmen des Bundes stehen in ihrem Marktverhalten, ihrer Managementkonzeption und ihrem Gewinnstreben der Privatwirtschaft wesentlich näher als vielen Bereichen der öffentlichen Wirtschaft. Daraus mag manchmal der Eindruck entstehen, als sei die erwerbswirtschaftliche Betätigung Selbstzweck und als hätten sich die Unternehmen aus dem öffentlichen Bereich gelöst. Tatsächlich ist es aber wohl so, daß die Industrieunternehmen des Bundes ihre spezifische öffentliche Aufgabe am besten dadurch erfüllen, daß sie im Rahmen des durch diese Aufgabe abgesteckten Unternehmenskonzeptes nach erwerbswirtschaftlichen Gesichtspunkten, also gewinnorientiert geführt werden. Je besser sie im Wettbewerb bestehen, desto besser sind sie auch in der Lage, ihre öffentliche Aufgabe zu erfüllen.

Man hört allerdings oft die Auffassung, daß die öffentliche Hand ihren Industriebesitz sehr viel stärker auch in den Dienst aktueller wirtschaftspolitischer Ziele, z. B. als konjunkturelles Steuerungsmittel oder für Zwecke der Investitionslenkung einsetzen sollte. Vorweg scheint mir dazu, daß hier die Möglichkeiten oft überschätzt werden. Ich darf dies am Beispiel der Preispolitik erläutern. Man erwartet von den Industrieunternehmen des Bundes, daß sie preisdämpfend wirken. Teilweise empfiehlt man sogar, daß sie ihren Preis grundsätzlich bei den Grenzkosten ansetzen und dadurch auch den privaten Wettbewerber zu Preiszugeständnissen zwingen. Dabei werden aber zwei Gesichtspunkte übersehen. Erstens haben die ganz der öffentlichen Hand gehörenden Unternehmen, die allein für eine solche Preispolitik in Betracht kämen, in ihren jeweiligen Branchen keineswegs eine zur Preisführung ausreichende Marktstellung. So liegt der Anteil dieser Bundesunternehmen an der deutschen Rohstahlerzeugung und an der deutschen Steinkohleförderung jeweils bei etwa 10 %. Aber auch dort, wo er höher ist, wie bei der Erzeugung von Hüttenaluminium (rd. 47 %), schränkt die Internationalisierung der Märkte die Möglichkeiten der Bundesunternehmen ein, die Preisentwicklung spürbar zu beeinflussen. Ende der 50er Jahre hat man z. B. versucht, Preisauftriebstendenzen in der Stahlindustrie durch eine gegenläufige Preispolitik des Salzgitter-Konzerns zu brechen. Man hat sehr schnell erkennen müssen, daß man nicht gegen den Markt operieren konnte.

Zweitens erreichen die Produke der industriellen Bundesunternehmen nur in den wenigsten Fällen den Endverbraucher direkt. Im allgemeinen gehen sie an Weiterverarbeiter, die ihre Preispolitik allein am Markt ausrichten. Dann kämen Niedrigpreise der öffentlichen Industrieunternehmen nicht dem Endverbraucher, sondern mehr oder weniger zufälligen Weiterverarbeitern und nicht selten sogar den mehrstufig produzierenden Konkurrenten zugute.

Das bedeutet nun aber nicht, daß die öffentlichen Industriebeteiligungen preispolitisch bedeutungslos wären. Zunächst einmal wirken sie auch in diesem Bereich einfach dadurch, daß sie als Wettbewerber am Markt sind und oft erst durch ihr Vorhandensein einen Preiswettbewerb sicherstellen. Sodann muß die öffentliche Hand von den Vorständen ihrer Unternehmen erwarten, daß sie sich der gesamtwirtschaftlichen Verantwortung aller großen Unternehmen besonders bewußt sind. Das widerspricht keineswegs der grundsätzlichen erwerbswirtschaftlichen Orientierung. In ihr ist diese gesamtwirtschaftliche Verantwortung kein Fremdkörper. Vielmehr ist anerkannt, daß der Vorstand eines großen Unternehmens auch das Gesamtinteresse zu berücksichtigen hat und daß das Unternehmen zu sozialadäquatem Verhalten auch dann verpflichtet ist, wenn dies bei rein finanzieller Betrachtung nachteilig sein mag. Einwirkungen des öffentlichen Anteilseigners mögen durchaus dahin tendieren, dem Vorstand diese gesamtwirtschaftliche Verantwortung auch in Fragen der Preispolitik bewußter zu machen, damit das Unternehmen z. B. in preispolitisch labilen Phasen keine Auftriebssignale setzt.

Daß sich die Unternehmen der öffentlichen Hand ihrer gesamtwirtschaftlichen Verantwortung bewußt sind, läßt sich unschwer an weiteren Beispielen verdeutlichen. Sie haben z. B. in den letzten Jahren, als sich Jugendarbeitslosigkeit und ein Mangel an Ausbildungsplätzen abzeichnete, eine wesentlich höhere Zahl von Ausbildungsplätzen bereitgestellt. Auch hat sich z. B. das Volumen ihrer Berlin-Aufträge deutlich erhöht. Bei Maßnahmen des Umweltschutzes ist in mehr als einem Falle das öffentliche Industrieunternehmen mit gutem Beispiel vorangegangen. Die besonders ausgeprägte gesamtwirtschaftliche Verantwortung ändert jedoch nichts daran, daß die im Wettbewerb stehenden Industrieunternehmen der öffentlichen Hand ihre Aufgaben grundsätzlich gewinnorientiert und nach unternehmerischen Gesichtspunkten erfüllen.

b) Einflußnahmen in Vollzug dieser Aufgabenstellung

aa) Grundsätzlich kein Widerspruch zur erwerbswirtschaftlichen Orientierung

Aus dem Umstand, daß die besondere öffentliche Aufgabe eine erwerbswirtschaftlich orientierte Unternehmensführung erfordert, ergibt sich als wichtige Folge, daß auch die Einflußnahmen des öffentlichen Anteilseigners auf eine solche Unternehmensführung hinwirken müssen. Tatsächlich geht es in der Praxis der politischen wie der administrativen Einflußnahmen um eben die Fragen, die auch in privaten Unternehmen zu stellen sind, um die Wirtschaftlichkeit von Investitionen, die aussichtsreichste Marktstrategie, die Angemessenheit der Bedingungen eines Beteiligungszugangs und nicht zuletzt um Personalentscheidungen. Sie werden vom öffentlichen Anteilseigner in der Regel in Vorbereitung von Aufsichtsratssitzungen geprüft und, wo notwendig, mit dem Vorstand erörtert. Grundlage sind dabei außer den schriftlichen Unterlagen, die allen Aufsichtsratsmitgliedern zugehen, die Prüfungsberichte der Abschlußprüfer nach § 53 HGrG und die Berichte der Vertreter des Bundes im Aufsichtsrat, für die nach § 394 AktG die Verschwiegenheitspflicht der Aufsichtsratsmitglieder eingeschränkt ist. Eine besonders wichtige Unterlage ist die längerfristige Unternehmensplanung, die nach einer im Bundesbereich eingeführten Muster-Geschäftsordnung alljährlich dem Aufsichtsrat vorzulegen ist. Ihre Diskussion und Verabschiedung bietet ein hohes Maß an Sicherheit dafür, daß die langfristige Unternehmenskonzeption mit der öffentlichen Aufgabe in Einklang steht. Nicht selten haben vorbereitende Erörterungen zur Folge, daß der Vorstand die Planung oder das konkrete Projekt überdenkt und modifiziert oder zurückzieht. Das geschieht dann aber nicht aufgrund administrativer Verfügung oder politischer Entscheidung, sondern in einem Prozeß des Dialogs. Weder die Ministerialbeamten noch die politische Leitung sind gewillt, den Obervorstand zu spielen. Die Verantwortung des Vorstands bleibt gewahrt. Die grundsätzliche Deckungsgleichheit von öffentlichem und unternehmerischem Interesse ermöglicht es, auf stärkere Formen der Einflußnahme zu verzichten. Sie könnten sogar die von der öffentlichen Aufgabenstellung her notwendige erwerbswirtschaftliche Orientierung und damit die Erfüllung der öffentlichen Aufgabe selbst gefährden.

bb) Konfliktfälle

In manchen Fällen mag allerdings das öffentliche Interesse auch ein Verhalten fordern — oder mindestens zu fordern scheinen —, das einer gewinnorientierten Unternehmensführung widerspricht. Zum Beispiel mag man darüber streiten können, ob eine im Einzelfall erwerbswirtschaftlich gebotene Geschäftsführungsmaßnahme im Rahmen der langfristigen öffentlichen Aufgabenstellung liegt. Auch können Art und Ausmaß der gesamtwirtschaftlichen Verpflichtung des Unternehmens unterschiedlich beurteilt werden. Es mag sogar sein, daß aktuelle Interessen z. B. der Konjunkturpolitik dafür sprechen, in entscheidenden Punkten erwerbswirtschaftliche Belange zurückzustellen. In einem solchen Fall muß zunächst das Gewicht der kollidierenden öffentlichen Interessen abgewogen werden. Dabei muß bedacht werden, daß ein Abgehen von der erwerbswirtschaftlichen Orientierung, auch wenn es sich nur um einen Einzelfall handelt, doch die Wettbewerbsfähigkeit dauernd beeinträchtigen und damit die eigentliche öffentliche Zweckerfüllung gefährden kann. Nicht nur die in Geld ausdrückbaren Nachteile werden zu berücksichtigen sein, wie höhere Kosten oder etwa durch marktwidrige Preise entgehende Erträge. Gravierender kann der Verlust an unternehmerischer Gesinnung sein, weil jeder derartige Eingriff ein allzu bequemes Alibi für ein Versagen im Wettbewerb abgibt.

Ein weiterer Gesichtspunkt, der davon abschrecken mag, industrielle Beteiligungen der öffentlichen Hand als Instrumente der Konjunkturpolitik zu verwenden, sind die Schwierigkeiten der Durchsetzung. Sie beginnen bereits im Bereich des öffentlichen Anteilseigners. Im rechtswissenschaftlichen Schrifttum streitet man darüber, ob ein Beamter, der als Aufsichtsratsmitglied einer Aktiengesellschaft auf deren Interesse verpflichtet ist, gleichwohl von seinem Dienstherrn zu interessewidriger Stimmabgabe angewiesen werden könnte. Die Frage wird jedenfalls dann verneint, wenn der Beamte durch eine solche Stimmabgabe vorsätzlich zum Nachteil der Gesellschaft handeln und sich daher sogar strafbar machen würde. Im übrigen bliebe eine solche Weisung auch im Hinblick auf das Fehlen einer beherrschenden Position des Bundes im Aufsichtsrat in vielen Fällen wirkungslos. Zum Beispiel werden die in mitbestimmten Aufsichtsräten mitwirkenden Vertreter der Arbeitnehmer politische Lasten, die ihrer Gesellschaft auferlegt werden sollen, wohl als Gefährdung der Arbeitsplätze empfinden und nicht ohne

VI. Einflußnahme auf Unternehmen des industriellen Bundesvermögens 87

weiteres mitvollziehen. In der Praxis habe ich eine solche Weisung nicht erlebt.

Insgesamt ergibt sich, daß die Rechtsform der Aktiengesellschaft und die gewinnorientierte Unternehmensführung zwar die Erfüllung der langfristigen öffentlichen Aufgabe am besten sichert; andererseits aber einer „Indienstnahme" des Unternehmens für aktuelle wirtschafts-, insbesondere konjunkturpolitische Ziele enge Grenzen zieht.

Besondere Probleme stellen sich schließlich, wenn an Gesellschaften der öffentlichen Hand auch private Aktionäre beteiligt sind. Dann erhält die grundsätzliche Verpflichtung aller Gesellschaftsorgane auf das Gesellschaftsinteresse dadurch besonderes Gewicht, daß sie nicht nur die normalerweise im öffentlichen Bereich nicht gefährdeten Gläubiger, sondern auch und vor allem die Minderheitsaktionäre schützen soll. Würde die öffentliche Hand zum Schaden der Minderheit Einfluß nehmen, haftete sie der Gesellschaft und auch den Minderheitsaktionären nach § 117 AktG, nach einer anderen Auffassung sogar nach den konzernrechtlichen Vorschriften des Aktiengesetzes (§§ 311 ff. AktG).

Aus allen diesen Überlegungen heraus wird es sich grundsätzlich verbieten, den Industrieunternehmen der öffentlichen Hand wirtschafts- und insbesondere konjunkturpolitische Lasten aufzuerlegen, die nicht durch die allgemeine Bindung der unternehmerischen Betätigung an das Gesamtwohl gedeckt sind. Die sachgerechte Lösung mag im Einzelfall darin bestehen, daß solche Lasten möglichst genau präzisiert und dann dem Unternehmen erstattet werden.

Ich bin damit am Ende meiner Ausführungen. Vielleicht stößt der relativ schmale Raum, in dem ich die Ziele von politischen und administrativen Einflußnahmen im Bereich des industriellen Bundesvermögens sehe, auf Widerspruch. Dann sollte aber bedacht werden, daß ich meine Ausführungen bewußt auf einen voll im Wettbewerb stehenden Teil der öffentlichen Wirtschaft beschränkt habe und daß man für die verschiedenen Bereiche der öffentlichen Wirtschaft unbelastet von ideologischen Vorurteilen nach dem Weg suchen muß, der die Erfüllung der öffentlichen Aufgabe am besten gewährleistet.

VII. Entziehen sich öffentliche Unternehmen der bürgerschaftlichen Kontrolle?

Von Volker Emmerich*

Einleitung

Wer hat die Macht in den öffentlichen Unternehmen? Das ist die Frage, die in erster Linie mit dem etwas prätentiösen Thema der „bürgerschaftlichen Kontrolle" öffentlicher Unternehmen angesprochen ist. Dieses Thema hat natürlich viele Aspekte. Man kann es unternehmenssoziologisch verstehen und deshalb untersuchen, wie sich die Macht in einer Reihe typischer öffentlicher Unternehmen verteilt. Man kann das Thema aber auch sozusagen polit-ökonomisch interpretieren und prüfen, wer die Macht in den öffentliche Unternehmen haben *sollte*, damit sie ihre sog. gemeinwirtschaftlichen Aufgaben optimal erfüllen können. In diesem Falle wäre zu klären, welche gemeinwirtschaftlichen Aufgaben die öffentlichen Unternehmen tatsächlich haben und welche organisatorischen Voraussetzungen erfüllt sein müssen, damit sie diese optimal erfüllen können, d. h. wie vor allem verhindert werden kann, daß Interessenten auf die Politik der öffentlichen Unternehmen Einfluß gewinnen, die die Erfüllung der gemeinwirtschaftlichen Aufgaben beeinträchtigen oder gar verhindern können.

Schließlich kann man das Thema der bürgerschaftlichen Kontrolle öffentlicher Unternehmen auch unter juristisch-normativen Aspekten sehen und fragen, wie der Einfluß der Muttergemeinwesen auf ihre Unternehmen mit den Mitteln der Rechtsordnung sichergestellt werden kann. Als Jurist liegt mir natürlich am meisten der zuletzt erwähnte juristische Aspekt unseres Themas. Dennoch will ich — als Laie — versuchen, auch auf die beiden anderen Aspekte des Themas in der gebotenen Kürze einzugehen.

1. Wer hat tatsächlich die Macht in den öffentlichen Unternehmen?

a) Die möglichen Entscheidungsträger

Unter öffentlichen Unternehmen sollen hier ohne Rücksicht auf ihre Rechtsform sämtliche Unternehmen verstanden werden, auf die die

---

* Wegen Erkrankung des Verfassers vorgetragen von Professor Dr. Günter Püttner, Speyer.

öffentliche Hand aufgrund ihrer Beteiligung einen maßgeblichen Einfluß auszuüben vermag. Es ist bekannt, daß gerade die Entscheidungsprozesse dieser Unternehmen äußerst komplex sind[1], da als Entscheidungsträger in öffentlichen Unternehmen keineswegs allein das sog. Muttergemeinwesen, sondern auch noch eine ganze Reihe anderer öffentlicher und privater Personen in Betracht kommt, z. B. andere Verwaltungsträger (etwa neben dem Bund die Länder und Gemeinden), weiter die Banken, die Arbeitnehmer, die Konkurrenten und Lieferanten, sowie die Abnehmer und ganz allgemein die Öffentlichkeit[2]. Es kommt hinzu, daß selbst der Wille des eigentlichen Muttergemeinwesens keineswegs einheitlich und klar definiert zu sein braucht, sondern sich häufig nur von Fall zu Fall als Kompromiß ganz unterschiedlicher Zielkonzeptionen der einzelnen Ressorts oder Stellen des Muttergemeinwesens bildet[3]. Ein besonders bekanntes Beispiel für diese Probleme ist die Bundesbahn, an die schon von den einzelnen Ressorts der Bundesregierung sehr verschiedene Vorstellungen herangetragen werden, von den disparaten Vorstellungen der übrigen namentlich im Verwaltungsrat der Bundesbahn vertretenen Interessenten ganz zu schweigen[4]. Die Situation wird heute weiter noch dadurch wesentlich kompliziert, das zahlreiche öffentliche Unternehmen in privatrechtlicher Form der paritätischen Mitbestimmung aufgrund des neuen Mitbestimmungsgesetzes von 1976 unterliegen, wodurch notwendigerweise der Einfluß des Muttergemeinwesens erneut erheblich mediatisiert wird, so daß die tatsächlichen Entscheidungsprozesse hier vollends undurchschaubar werden[5].

b) Mögliche Entwicklungstendenzen

aa) „Das" öffentliche Unternehmen gibt es nicht. In der Realität anzutreffen sind vielmehr nur überaus zahlreiche sehr unterschiedliche Unternehmen der Gebietskörperschaften und anderer Verwaltungsträger auf allen nur möglichen Märkten in jeder nur denkbaren Rechtsform. Angesichts dessen muß es wegen der Komplexität der ökonomischen Realität von vornherein als ausgeschlossen bezeichnet werden, generelle Regeln über das Verhalten öffentlicher Unternehmen auf ihren Märkten aufstellen zu wollen, so daß auch generelle Aussagen

---
[1] Theo Thiemeyer, Wirtschaftslehre öffentlicher Betriebe, Reinbek 1975, S. 221 ff., 224 ff.
[2] Vgl. z. B. Eberhard Witte unter Mitwirkung von Jürgen Hauschildt, Die öffentliche Unternehmung im Interessenkonflikt, Berlin 1966, S. 14 ff., 35 ff.
[3] Siehe ebenda, S. 14 ff.; Theo Thiemeyer, a.a.O. (siehe Fußn. 1).
[4] Eberhard Witte unter Mitwirkung von Jürgen Hauschildt, a.a.O., S. 21 ff.
[5] Siehe Theo Thiemeyer, a.a.O., S. 231 ff. m. Nachw. zu der Frage, ob die Mitbestimmung bei öffentlichen Unternehmen sinnvoll und verfassungsgemäß ist.

über die Entscheidungsprozesse in diesen Unternehmen kaum möglich sind. In der modernen Wettbewerbstheorie steht ohnehin fest, daß die Zusammenhänge zwischen der Marktstruktur und dem Marktverhalten der Unternehmen eine hoffnungslose Unbekannte bilden, und zwar schon wegen der zirkulären Verknüpfung aller in ihrer Zahl überhaupt nicht übersehbaren ökonomischen Daten[6], wobei bei den öffentlichen Unternehmen noch die vielen, oben erwähnten, disparaten Zielvorstellungen der verschiedenen Interessenten und Entscheidungsträger hinzukommen. Jedenfalls auf den ersten Blick muß es deshalb als unmöglich erscheinen, Aussagen über die Entscheidungsprozesse in öffentlichen Unternehmen und damit auch über ihre Verselbständigung gegenüber ihren Muttergemeinwesen zu machen.

bb) Gleichwohl gibt es eine Reihe von Aussagen, die ein hohes Maß von Plausibilität für sich in Anspruch nehmen können: Das Spektrum der öffentlichen Unternehmen reicht von den großen Bundeskonzernen wie z. B. der VEBA, der VIAG und der Salzgitter/Peine AG bis hin zu kommunalen Wirtschaftsförderungsgesellschaften. Die Frage nach dem Einfluß des jeweiligen Muttergemeinwesens und damit nach den Entscheidungsprozessen bei diesen Unternehmen stellt sich daher bei den verschiedenen Typen öffentlicher Unternehmen unter ganz verschiedenen Vorzeichen.

α) Die großen Bundeskonzerne haben sich nach allgemeiner Meinung gegenüber ihrem Muttergemeinwesen Bund in vieler Hinsicht verselbständigt[7]. Dafür spricht vor allem, daß der Bund inzwischen bei allen seinen großen Konzernen namentlich infolge der verschiedenen Gesetze über die Regelung der Vermögensverhältnisse an den früheren Unternehmen des Reichs und des Landes Preußen[8] sowie aufgrund der Mitbestimmungsgesetze in den Aufsichtsräten in die Minderheit geraten ist[9], so daß er an dieser zentralen Stelle zur Durchsetzung seines Einflusses[10] stets auf Kompromisse mit den anderen in den Aufsichtsräten vertretenen Interessenten und namentlich mit den Gewerkschaften angewiesen ist. In solchen Fällen ist es unvermeidlich, daß sich die Unter-

---

[6] Volker Emmerich, Wettbewerbsrecht — Eine Einführung, 2. Aufl., München 1976, § 1, 4; derselbe, Kooperation im Wettbewerbsrecht, in: ZGR 1976, S. 167 ff.

[7] Siehe Theo Thiemeyer, a.a.O., S. 224 ff.; Eberhard Witte unter Mitwirkung von Jürgen Hauschildt, a.a.O., S. 75 ff.

[8] VorschaltG v. 21. 7. 1951 (BGBl. I S. 467) i. V. mit der DurchführungsVO v. 26. 7. 1951, ReichsvermögensG v. 16. 5. 1961 (BGBl. I, S. 597), dazu Volker Emmerich, Das Wirtschaftsrecht der öffentlichen Unternehmen, Bad Homburg v. d. H., Berlin und Zürich 1969, S. 33 f.

[9] Siehe Volker Emmerich, a.a.O. (siehe Fußn. 8) m. Nachw., zuletzt Bundesminister der Finanzen, Beteiligungen des Bundes 1975, Bonn 1976, S. 14 ff., 33 ff., 90 ff. usw.

[10] Eberhard Witte unter Mitwirkung von Jürgen Hauschildt, a.a.O., S. 56 ff.

nehmensverwaltung, der kein geschlossener Aufsichtsrat mehr gegenübersteht, immer mehr verselbständigt und eine eigene Unternehmenspolitik betreibt. In diese Richtung wirkt auch die zunehmende Unfähigkeit der öffentlichen Hand, die Kapitalbedürfnisse ihrer Unternehmen zu befriedigen, so daß diese schon deshalb unausweichlich darauf verwiesen werden, hohe Gewinne zu erwirtschaften und deshalb ihr Verhalten dem privater Unternehmen in jeder Hinsicht anzupassen.

Jeder unbefangene Blick in die Wirklichkeit bestätigt diesen Eindruck. Die Verhaltensweise etwa der VEBA unterscheidet sich auf ihren Märkten in nichts von der großer privater Konzerne. Im Gegenteil: Gerade dieses öffentliche Größtunternehmen hat sich durch den hemmungslosen Erwerb zahlreicher privater Unternehmen, d. h. durch eine besonders ausgeprägte Expansionspolitik besonders unrühmlich hervorgetan[11]. Von einer gemeinwirtschaftlichen Aufgabenstellung oder Verhaltensweise der VEBA zu sprechen, fällt angesichts dessen ausgesprochen schwer.

Damit soll nicht geleugnet werden, daß der Bund auch seine großen Konzerne gelegentlich als Instrumente seiner Wirtschaftspolitik einsetzt. Aber auch das ist keineswegs unproblematisch; vielmehr können sich auch daraus ganz erhebliche Gefahren zumal für die Wettbewerbsordnung ergeben, wie namentlich der in vieler Hinsicht skandalöse VEBA/Gelsenberg-Fall[12] zeigt. Der Zusammenschluß der VEBA mit der Gelsenberg AG hat in der Tat entgegen allen offiziellen Verlautbarungen nicht etwa dazu geführt, daß Deutschland jetzt eine gesicherte Erdölversorgungsbasis hätte, wohl aber dazu, daß die VEBA zu einem Riesenunternehmen geworden ist, das niemand mehr, auch nicht der Bund, kontrollieren kann und das jetzt seine neu erworbene Macht nur dazu mißbraucht, das ganze Vermögen der GBAG zum Schaden der außenstehenden Aktionäre an sich zu ziehen[13] und seine Expansion auf immer neue Märkte voranzutreiben.

β) Selbst die immer als klassische Fälle öffentlicher Unternehmen hingestellten öffentlichen Versorgungsunternehmen namentlich der

---

[11] Vgl. dazu die scharfe Kritik der Monopolkommission, Mehr Wettbewerb ist möglich, 1. Hauptgutachten 1973/1975, Baden-Baden 1976, Tz. 305, 860 ff. (S. 162, 476 ff.).

[12] Zum VEBA/Gelsenberg-Fall siehe BKartA, Beschl. v. 7. 1. 1974 — WuW 1974, S. 263 = WuW/E BKartA 1457 = JuS 1974, S. 666 Nr. 7, Bundeswirtschaftsminister, Verfügung v. 1. 2. 1974 — WuW 1974, S. 343 = WuW/E BWM 147 = JuS 1974, S. 666 Nr. 7, Monopolkommission, Wettbewerbliche und strukturelle Aspekte einer Zusammenfassung von Unternehmen im Energiebereich, Baden-Baden 1975, Volker Emmerich, Fälle zum Wahlfach Recht des unlauteren Wettbewerbs und Kartellrecht, München 1975, S. 100 ff. m. Nachw.

[13] LG Essen, in: Die Aktiengesellschaft, 1976, S. 136 ff., dazu Volker Emmerich, Die öffentliche Unternehmung im deutschen Konzern- und Wettbewerbsrecht, in: Die Aktiengesellschaft, 1976, S. 225 ff.

Kommunen unterscheiden sich in ihrem Verhalten tatsächlich in nichts von dem ihrer privaten „Konkurrenten". Besonders deutlich wird das an der bekannten monopolistischen Preispolitik des Riesenunternehmens RWE, das insbes. gegenüber den Sonderabnehmern umfassende Systeme von Preisdiskriminierungen praktiziert, um diese davon abzuhalten, zur Eigenversorgung überzugehen[14]. Aber auch alle anderen Versorgungsunternehmen sind bei Lichte besehen nichts anderes als Monopolisten, die nach möglichst hohen Gewinnen trachten, schon um die hohen Konzessionsabgaben für ihre Muttergemeinwesen zu erwirtschaften. Ein derartiges Verhalten entspricht zudem in jeder Hinsicht den Interessen der Muttergemeinwesen, namentlich der Gemeinden, für die die Überschüsse der Versorgungsunternehmen noch stets ein willkommener Beitrag zu ihren chronisch defizitären Haushalten und zur Abdeckung der Verluste der Verkehrsunternehmen im Rahmen des sog. Querverbundes waren. Tatsächlich ist es sogar so, daß die Gemeinden und Länder bisher erfolgreich noch jeden Versuch des Bundesgesetzgebers verhindert haben, die monopolistische Struktur der Elektrizitätsmärkte durch Einschränkung der Freistellung des § 103 GWB aufzulockern, womit zugleich belegt ist, wie wenig sich öffentliche Unternehmen namentlich als Mittel der Wettbewerbspolitik eignen[15].

γ) Faßt man demgegenüber das andere Extrem öffentlicher Unternehmen, nämlich die Verselbständigung einzelner wirtschaftlicher Verwaltungsaufgaben in Unternehmen in privatrechtlicher Form ins Auge, so mag es zutreffen, daß hier i. d. R. der Einfluß des Muttergemeinwesens ungebrochen erhalten geblieben ist, wenn auch dies keineswegs selbstverständlich ist. Dennoch ergeben sich hier ebenfalls spezifische Probleme. Sie bestehen vor allem in der Mediatisierung der parlamentarischen und öffentlichen Kontrolle über diese verselbständigten Verwaltungsagenden, da fortan nur noch die Tätigkeit der Repräsentanten des Muttergemeinwesens in den Organen des betreffenden Unternehmens einer zudem nur sehr mittelbaren und schwachen Kontrolle durch die parlamentarischen Organe und die Öffentlichkeit unterliegt[16]. Bedenkt man außerdem, daß sich diese Unternehmen obendrein ohne weiteres immer neue Tochter- und Enkelgesellschaften angliedern können, so wird sehr deutlich, daß sich hier der Verwaltung vielfältige

---

[14] Monopolkommission, 1. Hauptgutachten, a.a.O., Tz. 745 (S. 406 f.), vgl. auch Jürgen Hauschildt, Die Absatzpolitik der Energieversorgungsunternehmen im Spannungsfeld von Gewinnstreben und öffentlichen Leistungsansprüchen, Tübingen 1964.
[15] Volker Emmerich, Das Wirtschaftsrecht der öffentlichen Unternehmen, a.a.O., S. 73 ff., 356 ff., derselbe, Wettbewerbsrecht, Eine Einführung, a.a.O., § 29 m. Nachw., Theo Thiemeyer, a.a.O., S. 90 ff.
[16] Siehe im einzelnen Karl Wenger, Die öffentliche Unternehmung, Wien 1969, S. 486 ff.

VII. Entziehen sich öffentliche Unternehmen der Kontrolle?

Möglichkeiten zur Schaffung de facto unkontrollierter Freiräume eröffnen. Solche Freiräume ziehen aber unweigerlich geradezu magisch alle möglichen anderen Interessenten an, so daß auf die Dauer hier nicht anders als bei den schon erwähnten öffentlichen Unternehmen völlig undurchschaubare Herrschaftsstrukturen entstehen. Wer will schon beurteilen, wer letztlich bei Forschungsgesellschaften zum Bau von Kernreaktoren oder neuen Waffensystemen das Sagen hat?

δ) Zwischen diesen Extremen liegt ein ganzes Spektrum von möglichen Entscheidungsstrukturen, die sich nicht systematisieren lassen und über deren tatsächliche Verbreitung auch nahezu nichts bekannt ist. Prinzipiell dürfte aber eine starke Vermutung dafür sprechen, daß sich, wie es in einer marktwirtschaftlichen Ordnung auch gar nicht anders sein kann, die Verhaltensweisen jedenfalls der meisten öffentlichen Unternehmen immer mehr denen ihrer privaten Konkurrenten angleichen und daß sich substantielle Unterschiede, von Ausnahmefällen abgesehen, kaum mehr nachweisen lassen. Darauf wirken im übrigen auch die vielen Bestimmungen des Gemeindewirtschafts- und des Haushaltsrechts hin, die eine wirtschaftliche Betriebsführung der öffentlichen Unternehmen und damit die Erzielung von Überschüssen fordern, um die Belastung der öffentlichen Haushalte mit Verlusten der öffentlichen Unternehmen zu vermeiden. Sollen aber die öffentlichen Unternehmen Gewinne erzielen, so wird ihnen in einer marktwirtschaftlichen Ordnung in aller Regel gar nichts anderes übrig bleiben, als sich ebenso wie ihre privaten Konkurrenten auf ihren Märkten zu verhalten.

Damit kommen wir zu dem zweiten Aspekt unseres Themas, nämlich zu der Frage:

2. Wer sollte die Macht in öffentlichen Unternehmen haben?

Schon die Beantwortung der ersten Frage führte uns auf ganz ungesichertes Gelände, weil tatsächlich fast nichts über die sehr komplizierten Entscheidungsprozesse in öffentlichen Unternehmen bekannt ist, so daß wir weitgehend auf Vermutungen angewiesen sind. Noch schwieriger zu beantworten ist jedoch die andere Frage, wie die Entscheidungsprozesse in öffentlichen Unternehmen organisiert sein sollten, damit sie optimal instand gesetzt werden, ihre gemeinwirtschaftlichen Aufgaben zu erfüllen.

a) Welche Aufgaben haben öffentliche Unternehmen?

Über die besonderen (gemeinwirtschaftlichen) Aufgaben öffentlicher Unternehmen ist viel gerätselt und noch mehr geschrieben worden. Es gibt zahllose Konzepte der sog. Gemeinwirtschaftlichkeit, die jedoch fast alle in ihrer Allgemeinheit auf Leerformeln hinauslaufen oder nicht operational sind[17]. Was bleibt, ist der Einsatz einzelner, keineswegs aller, öffentlicher Unternehmen für gewisse ständig wechselnde und häufig nicht klar definierte Aufgaben der Wirtschaftspolitik, namentlich der Raumordnungs-, Struktur- und Konjunkturpolitik, wobei sich jedoch immer mehr die Erkenntnis durchsetzt, daß die öffentlichen Unternehmen nur sehr bedingt geeignet sind, zur Erreichung wirtschaftspolitischer Ziele beizutragen[18].

Auf diesen sehr bescheidenen und in vieler Hinsicht problematischen Beitrag der öffentlichen Unternehmen zur Verwirklichung gewisser wirtschaftspolitischer Ziele beschränkt sich auch bei nüchterner Betrachtungsweise der sog. öffentliche Zweck der öffentlichen Unternehmen, so daß es unzulässig ist, aus ihm weitreichende Folgerungen wie die Einordnung der öffentlichen Unternehmen in die Verwaltung oder Durchbrechungen des Privatrechts abzuleiten[19]. Die öffentlichen Zwecke der Unternehmen des Staates und seiner Gliederungen sind nirgends gesetzlich fixiert, wechseln ständig und fehlen häufig genug ganz. In ihrer Unbestimmtheit liegen sie an der Grenze des rechtlich noch Faßbaren, so daß es nicht angeht, einen derart unbestimmten und unfaßbaren (öffentlichen) Zweck als normativen Begriff anzuerkennen und daran rechtliche Folgerungen zu knüpfen. Soweit die Verfolgung öffentlicher Zwecke Ausnahmen von der für alle geltenden Rechtsordnung voraussetzt, kann nur der Gesetzgeber diese Ausnahmen anordnen, da in einem demokratischen Rechtsstaat nur der Gesetzgeber befugt ist, Privilegien zu schaffen, wie es denn auch tatsächlich namentlich in den §§ 99 - 104 GWB in großem Umfang zu Gunsten der öffentlichen Unternehmen geschehen ist, dies freilich aus ganz anderen Gründen als i. d. R. behauptet wird, nämlich nicht wegen der nur vermeintlichen Besonderheiten dieser i. d. R. öffentlichen, privilegierten Unternehmen, sondern allein oder doch hauptsächlich wegen ihrer besonderen Macht über den Gesetzgeber[20].

[17] Vgl. im einzelnen Theo Thiemeyer, a.a.O., S. 42 ff., bes. S. 53, derselbe, Gemeinwirtschaftlichkeit als Ordnungsprinzip, Berlin 1970.
[18] Volker Emmerich, Das Wirtschaftsrecht der öffentlichen Unternehmen, a.a.O., S. 71 ff., Theo Thiemeyer, Wirtschaftslehre öffentlicher Betriebe, a.a.O., S. 60 ff.
[19] Dazu eingehend Volker Emmerich, Das Wirtschaftsrecht der öffentlichen Unternehmen, a.a.O., S. 148 ff., bes. 156 ff., derselbe, Rezension zu Karl Wenger, Die öffentliche Unternehmung, a.a.O., in: ZHR Bd. 135, 1973, S. 174 ff., derselbe, Die kommunalen Versorgungsunternehmen zwischen Wirtschaft und Verwaltung, Frankfurt 1970, S. 29 ff., anders z. B. Karl Wenger, a.a.O., passim, bes. S. 153 ff., 256 ff., 373 ff., 400 ff., 553 ff.
[20] Vgl. Volker Emmerich, Das Wirtschaftsrecht der öffentlichen Unternehmen, a.a.O., S. 148 ff., 287 ff., 349 ff., derselbe, Die kommunalen Versorgungsunternehmen, a.a.O., S. 38 ff., derselbe, Wettbewerbsrecht, Eine Einführung, a.a.O., §§ 26 ff., derselbe, Die öffentliche Unternehmung im deutschen Konzern- und Wettbewerbsrecht, a.a.O., S. 225 ff.

VII. Entziehen sich öffentliche Unternehmen der Kontrolle? 95

*b) Der Einsatz öffentlicher Unternehmen
als Instrumente der Wirtschaftspolitik*

aa) Betrachtet man die öffentlichen Unternehmen als Instrumente der Wirtschaftspolitik namentlich der Bundesregierung, so ist Voraussetzung für die Erfüllung dieser instrumentalen Funktion öffentlicher Unternehmen, daß das jeweilige Muttergemeinwesen, vor allem also der Bund, auch über genügend Einfluß bei seinen Unternehmen verfügt, um die Unternehmenspolitik auf die Ziele seiner Wirtschaftspolitik ausrichten zu können. Wie schlecht es damit tatsächlich bestellt ist, haben wir schon eingangs erwähnt und wird durch die wiederholt gescheiterten Versuche der Bundesregierung bestätigt, etwa das Volkswagenwerk von Preiserhöhungen abzuhalten. Freilich gibt es auch genügend Gegenbeispiele wie etwa die Nötigung der VEBA, der Ruhrkohlen-AG beizutreten, obwohl das Unternehmen davon Verluste in Höhe von mehreren hundert Millionen DM befürchtete.

bb) Wie noch im einzelnen auszuführen sein wird, ist — jedenfalls bei den Aktiengesellschaften — der Aufsichtsrat das zentrale Organ, über das der öffentliche Einfluß auf öffentliche Unternehmen ausgeübt wird. Von daher gesehen, muß es im Interesse des Staates liegen, möglichst stark in den Aufsichtsräten seiner Unternehmen vertreten zu sein. Das wichtigste Mittel hierfür sind eine entsprechende Hauptversammlungsmehrheit sowie das weiter unten im einzelnen zu besprechende Entsendungsrecht. In der Tat versucht der Staat allenthalben, auf beiden Wegen möglichst viele seiner Vertreter in die Aufsichtsräte seiner Unternehmen zu delegieren. Soweit seine Vertreter Beamte sind, entstehen dadurch spezifische beamten- und aktienrechtliche Probleme, die sich vor allem aus der Kollision zwischen der beamtenrechtlichen Folgepflicht und der aktienrechtlichen Unabhängigkeit der Aufsichtsratsmitglieder ergeben (dazu im einzelnen unten). Andere Probleme entstehen, wenn Minister in die Aufsichtsräte öffentlicher Unternehmen entsandt werden:

Die Identifizierung eines Ministers mit einem Unternehmen kann zu schweren Interessenkollisionen führen, namentlich wenn demselben Minister auch die Kontrolle des betreffenden Unternehmens obliegt. In Extremfällen wie bei den großen Versorgungsunternehmen kommt es dann dazu, daß derselbe Minister zunächst eine Preiserhöhung im Aufsichtsrat billigt und anschließend als Fachaufsichtsbehörde genehmigt und als Kartellbehörde auf ihre Mißbräuchlichkeit kontrolliert! Daß dies inakzeptabel ist, liegt auf der Hand. Aber auch noch aus anderen Gründen muß die Tätigkeit von Ministern in Aufsichtsräten öffentlicher Unternehmen auf schwerwiegende Einwände stoßen, wie vor allem an dem Fall der Helaba sehr deutlich geworden ist[21].

Aus diesem Grund bedarf die Entsendung von Bundesministern in die Aufsichtsräte von Unternehmen der Genehmigung des Bundestags (sog. wirtschaftliche Inkompatibilität aufgrund des Art. 66 GG und des § 5 BundesministerG im Anschluß an § 7 ReichsministerG von 1930). Ähnliche Regeln bestehen nach Landesrecht für die Landesminister, nur daß hier die Zuständigkeit für die Ausnahmegenehmigungen in aller Regel bei den Landesregierungen selbst liegt[22]. Und gerade für die Tätigkeit in öffentlichen Unternehmen wird von der Möglichkeit, Ausnahmegenehmigungen zu erteilen, in großem Umfang Gebrauch gemacht. Das ist jedoch mit dem Zweck, der der Regelung der wirtschaftlichen Inkompatibilität zugrunde liegt, jedenfalls dann unvereinbar, wenn dadurch die Gefahr von Interessenkollisionen heraufbeschworen wird. Soweit also ein Minister in irgendeiner Form für die Kontrolle eines Unternehmens zuständig ist, ist ihm die Tätigkeit in den Organen dieses Unternehmens ausnahmslos verboten[23]. Es geht nicht an, daß die ganze Fach- und Kartellaufsicht namentlich über die Versorgungsunternehmen dadurch paralysiert wird, daß die Spitzen der Aufsichtsbehörden stets zugleich in den Aufsichtsräten der wichtigsten Versorgungsunternehmen, die zugleich die Marktführer sind, vertreten sind.

cc) Die unter dem Gesichtspunkt der wirtschaftspolitischen Instrumentalfunktion öffentlicher Unternehmen durchaus wünschenswerte Vertretung der öffentlichen Hand in ihren Unternehmen ist also keineswegs so unproblematisch, wie es auf den ersten Blick den Anschein haben mag. Sieht man aber hiervon einmal ab, so ergeben sich weitere schwierige Probleme aus dem Umstand, daß, wie schon gezeigt, auf die Politik der öffentlichen Unternehmen heute die verschiedensten Kreise Einfluß zu nehmen versuchen und daß infolgedessen der Einfluß der Muttergemeinwesen tatsächlich in vielen Fällen, und zwar gerade bei den wirtschaftspolitisch relevanten öffentlichen Großunternehmen, immer weiter zurückgedrängt wird. Verliert aber dergestalt die öffentliche Hand den maßgeblichen Einfluß auf ihre Unternehmen, so kommt auch deren Einsatz als Mittel der Wirtschaftspolitik immer weniger in Betracht, so daß die öffentlichen Unternehmen in unserer Wirtschaftsordnung weitgehend ihre Existenzberechtigung einbüßen. Daher ist zu prüfen, welche Mittel die Rechtsordnung bereithält, den Einfluß des Staates auf seine Unternehmen gleichsam zu institutionalisieren.

---
[21] Siehe im einzelnen H. Keese, Regierungsmitglieder als Vertreter der öffentlichen Hand in den Aufsichtsorganen wirtschaftlicher Unternehmen, Diss. Heidelberg 1969, S. 24 ff., 29 ff., Theodor Eschenburg, Die verschränkten öffentlichen Hände, Notwendige Lehren aus dem Fall des hessischen Regierungschefs Albert Osswald, in: Die Zeit, Nr. 43 vom 15. Oktober 1976, S. 4.
[22] Siehe im einzelnen H. Keese, a.a.O., Dimitris Th. Tsatsos, Die erwerbswirtschaftliche Tätigkeit von Regierungsmitgliedern, in: Verwaltungsarchiv, Band 58, 1967, S. 360.
[23] So mit Recht H. Keese, a.a.O., S. 29 ff., 39 ff., 54 ff.

VII. Entziehen sich öffentliche Unternehmen der Kontrolle? 97

3. Wie kann die Macht der öffentlichen Hand bei ihren Unternehmen rechtlich abgesichert werden?

a) Überblick

Die Frage nach der juristischen Absicherung des Staatseinflusses bei den öffentlichen Unternehmen kann nicht für alle öffentlichen Unternehmen einheitlich behandelt werden, sondern muß rechtsformabhängig untersucht werden. Dabei ist nicht nur zwischen öffentlichen Unternehmen in öffentlich-rechtlicher und in privatrechtlicher Form, sondern bei den letzteren auch noch zwischen den Aktiengesellschaften und den Gesellschaften mbH zu unterscheiden. Im Mittelpunkt des Interesses stehen dabei die großen Aktiengesellschaften, an denen die öffentliche Hand allein oder neben anderen privaten Aktionären beteiligt ist.

b) Die öffentlichen Unternehmen in öffentlich-rechtlicher Form[24]

Regieunternehmen werden als unselbständige Teile der Verwaltung geführt, so daß bei ihnen der uneingeschränkte Einfluß des Verwaltungsträgers unproblematisch ist. Dasselbe gilt im Prinzip für die sog. Eigenbetriebe, obwohl sie schon eine wesentlich größere Verselbständigung aufweisen. Dennoch bedarf die Werkleitung nach den verschiedenen Eigenbetriebsverordnungen und Eigenbetriebsgesetzen nach wie vor zu allen wichtigen Maßnahmen der Zustimmung des Gemeinderats bzw. dessen Werkausschusses. Selbst hier wird aber in letzter Zeit zunehmend der Einfluß der Muttergemeinwesen zurückgedrängt, wie etwa das Beispiel des neuen Berliner Eigenbetriebsgesetzes von 1959 in der Fassung von 1973 zeigt, in dem zusätzlich ein paritätisch besetzter Verwaltungsrat für die Eigenbetriebe vorgesehen ist, dessen Zustimmung zu allen wichtigen Maßnahmen der Geschäftsführung vorgeschrieben ist (§§ 6 und 7 EigenbetriebsG)[25]. Aufgrund des Beanstandungsrechts des zuständigen Senatsmitglieds (§ 8) ist jedoch die letztliche Entscheidungskompetenz beim Muttergemeinwesen geblieben.

Dasselbe gilt im Ergebnis für die Bundesbahn und die Bundespost, obwohl, soweit man dies als Außenstehender beurteilen kann, tatsächlich die Bedeutung des Verwaltungsrates gegenüber dem zuständigen Minister immer mehr zunimmt. Was schließlich die öffentlichen Unternehmen in der Rechtsform von juristischen Personen des öffentlichen Rechts angeht, so sind generelle Aussagen nicht mehr möglich. Der Einfluß des Muttergemeinwesens hängt hier vielmehr ganz von der

---

[24] Siehe zum folgenden statt aller Volker Emmerich, Das Wirtschaftsrecht der öffentlichen Unternehmen, a.a.O., S. 184 ff.
[25] GVBl. 1959, S. 1229 und 1973, S. 1742.

Ausgestaltung des jeweiligen Errichtungsgesetzes und der Satzung ab, dürfte aber i. d. R., namentlich bei den Banken des Bundes und der Länder, unproblematisch sein. Eine Sonderrolle spielt freilich die Bundesbank aufgrund ihrer weitgehenden Selbständigkeit.

c) Die öffentlichen Unternehmen in privatrechtlicher Form

Als privatrechtliche Formen kommen für öffentliche Unternehmen praktisch nur die GmbH und die AG in Betracht, weil das Haushalts- und das Gemeindewirtschaftsrecht eine Beteiligung des Staates an anderen Unternehmen nicht zuläßt[26]. Im folgenden sind daher nur die GmbH und die AG zu betrachten.

aa) Bei der GmbH gilt nach wie vor der Grundsatz weitgehender Privatautonomie der Gesellschafter für ihr Innenverhältnis, so daß ohne weiteres Sonderrechte auf die Bestellung der Geschäftsführer oder auf Erteilung von Weisungen an die Geschäftsführer durch die Satzung zu Gunsten der öffentlichen Hand begründet werden können. Hier stellt also die Sicherung des öffentlichen Einflusses kein juristisches Problem dar. Zu beachten bleiben freilich zwei sehr wichtige Punkte:

α) Nach § 1 Abs. 1 Nr. 1 MitbestimmungsG von 1976 unterliegen heute auch alle Großunternehmen in der Rechtsform einer GmbH der quasi-paritätischen Mitbestimmung der Gewerkschaften, womit vor allem in Zukunft alle Sonderrechte der öffentlichen Hand auf Bestellung der Geschäftsführer unvereinbar sind, weil die Bestellung der Geschäftsführer jetzt zwingend ausschließlich dem Aufsichtsrat obliegt (§§ 25 und 31 MitbestG). Sonderrechte der öffentlichen Hand auf Erteilung von Weisungen an die Geschäftsführer und vor allem das Weisungsrecht der Mehrheit der Geschäftsführer bleiben jedoch zulässig.

β) Seit der ITT-Entscheidung des BGH[27] steht fest, daß bei der GmbH der Mehrheit eine ersatzlose Schädigung der Minderheit durch nachteilige Weisungen an die Geschäftsführer nicht erlaubt ist; die Mehrheit ist vielmehr, wenn sie durch Weisungen an die Geschäftsführer de facto die Geschäftsführung an sich zieht, verpflichtet, dabei die gebotene Rücksicht auf die Interessen der Minderheit zu nehmen.

---

[26] Siehe Volker Emmerich, Das Wirtschaftsrecht der öffentlichen Unternehmen, a.a.O., S. 187 f.

[27] BGHZ 65, S. 15 = JuS 1976, S. 54 Nr. 6, dazu Volker Emmerich, Das GmbH Konzernrecht, in: Die Aktiengesellschaft, 1975, S. 253 und 285, derselbe, Das GmbH Konzernrecht, in: Der GmbH-Konzern, Rechtsfragen der Handelsgesellschaften, Heft 34, Köln 1976, S. 4 ff., derselbe und Jürgen Sonnenschein, Konzernrecht, 2. Aufl., München 1977, § 9 B, S. 232 ff., derselbe, Die GmbH als verbundenes Unternehmen, in: Franz Scholz, Kommentar zum GmbH-Gesetz, 6. Aufl., Köln 1978.

VII. Entziehen sich öffentliche Unternehmen der Kontrolle? 99

Schädigungen der Gesellschaft und der Minderheit verpflichten die Mehrheit folglich zum vollen Schadensersatz. Das gilt uneingeschränkt auch für die öffentliche Hand, wenn sie aufgrund ihrer Mehrheit in der Gesellschafterversammlung oder aufgrund satzungsmäßiger Sonderrechte durch Weisungen an die Geschäftsführer in die Geschäftsführung ihrer Beteiligungsgesellschaften eingreift und dadurch, und sei es auch im Interesse angeblicher öffentlicher Interessen, die Gesellschaft oder die Minderheit schädigt. Die Verfolgung öffentlicher Interessen gibt dem Staat niemals das Recht zur entschädigungslosen Benachteiligung seiner Mitgesellschafter oder der Gesellschaft zum Schaden der Gläubiger[28].

bb) Wesentlich verwickelter ist die Rechtslage bei der Aktiengesellschaft. Da ich mich hierzu schon wiederholt eingehend an anderen Stellen geäußert habe[29], will ich mich jedoch hier mit einigen abschließenden Bemerkungen begnügen.

α) Die Zuständigkeitsordnung bei der AG ist heute zwingendes Recht und kann weder durch die Satzung noch durch besondere Verträge abgeändert werden (§ 23 AktG). Folglich können vertraglich heute keine Rechte mehr auf Bestellung von Vorstandsmitgliedern, auf die Entsendung von Aufsichtsratsmitgliedern oder auf die Erteilung von Weisungen gegenüber Vorstand und Aufsichtsrat begründet werden, — außer unter den besonderen Kautelen des Beherrschungsvertrages. Das Aktienrecht geht als Bundesrecht insoweit auch dem Gemeindewirtschaftsrecht vor, so daß alle Versuche, aus den Gemeindeordnungen der Länder weitergehende Weisungs- und Entsendungsrechte der Gemeinden abzuleiten, zum Scheitern verurteilt sind[30].

Ein Entsendungsrecht der öffentlichen Hand ist daher heute nur noch in dem engen Rahmen des § 101 Abs. 2 AktG möglich. Die entsandten Aufsichtsratsmitglieder der öffentlichen Hand haben dabei in sämtlichen Kollisionsfällen dem Gesellschaftsinteresse den unbedingten Vorrang vor öffentlichen Interessen zu geben. Intern mögen sie an Weisungen der sie entsendenden Verwaltungsträger gebunden sein. Wegen der vorrangigen Bindung an das Gesellschaftsinteresse dürfen sie jedoch solche Weisungen nur solange befolgen, wie dadurch keine

---
[28] Volker Emmerich, Die öffentliche Unternehmung im deutschen Konzern- und Wettbewerbsrecht, a.a.O., S. 225 (228).
[29] Volker Emmerich, Das Wirtschaftsrecht der öffentlichen Unternehmen, a.a.O., S. 198 ff., 211 ff., derselbe, Die öffentliche Unternehmung im deutschen Konzern- und Wettbewerbsrecht, a.a.O., S. 225 ff., derselbe und Jürgen Sonnenschein, Konzernrecht, a.a.O., § 2 A II 4, S. 39 ff.
[30] Volker Emmerich, a.a.O. (siehe Fußn. 29), ebenso z. B. H. Keese, a.a.O., S. 58 ff., a. A. z. B. Karl Wenger, a.a.O., S. 407 ff., Armin Stoffel, Beamte und Magistraten als Verwaltungsräte von gemischtwirtschaftlichen Aktiengesellschaften, Diessenhofen/Schweiz 1975, S. 154 ff., 216 ff., 241 ff. und passim.

Konflikte mit dem Gesellschaftsinteresse heraufbeschworen werden, schon weil sich die Aufsichtsratsmitglieder sonst strafbar machen können (§ 266 StGB). Im übrigen hat jetzt bei allen Großunternehmen in der Rechtsform der Aktiengesellschaft das Entsendungsrecht der öffentlichen Hand weiter durch das quasi-paritätische Mitbestimmungsrecht der Gewerkschaften an Bedeutung verloren.

β) Obwohl also das Aktienrecht dem Einfluß der öffentlichen Hand auf ihre Gesellschaften enge Grenzen zieht, um über die Eigenverantwortlichkeit der Verwaltung der Gesellschaft deren Einordnung in die Wettbewerbsordnung zu ermöglichen, wird ein solcher Einfluß doch offenbar immer wieder ausgeübt (s. o. I). Trotz der damit verbundenen, schwerwiegenden Gefahren für die Gesellschaft, die übrigen Gesellschafter und die Gläubiger bewegte sich dieser Einfluß bisher weitgehend im rechtsleeren Raum. Erst in jüngster Zeit setzt sich zu Recht die Auffassung durch, daß auch die Beziehungen der öffentlichen Hand zu ihren Unternehmen mit den Kategorien des Konzernrechts zu erfassen sind, daß mit anderen Worten die öffentliche Hand bei der Einflußnahme auf ihre Unternehmen unternehmerisch i. S. des Aktiengesetzes tätig wird, so daß vertraglich begründete Weisungsrechte als Beherrschungsverträge, sonstige Formen der Einflußnahme hingegen als faktische Konzerne zu qualifizieren sind[31]. Auf denselben Standpunkt haben sich in letzter Zeit auch alle mit diesen Fragen befaßten Gerichte gestellt[32], so daß die Anwendung des Konzernrechts auf die Beziehungen der öffentlichen Hand zu ihren Unternehmen inzwischen als gesichert gelten kann.

Schluß

Die bürgerschaftliche Kontrolle öffentlicher Unternehmen hat viele Aspekte. Einzelne Aspekte des komplexen Problemkreises habe ich zu behandeln versucht. Auf andere konnte schon aus Raum- und Zeitgründen nicht eingegangen werden. Vor allem das Problem der parlamentarischen Kontrolle hätte noch weiterer Vertiefung bedurft. Ich bin mir daher der Unvollständigkeit meiner Ausführungen bewußt und bitte meine Ausführungen in erster Linie als Anregung zur weiteren Aufhellung der Beziehungen der öffentlichen Unternehmen zu ihren Muttergemeinwesen zu verstehen.

---

[31] Volker Emmerich, a.a.O. (siehe Fußn. 29).
[32] AG und LG Köln, in: Die Aktiengesellschaft, 1975, S. 330 und 1976, S. 244, besonders LG Essen, in: Die Aktiengesellschaft, 1976, S. 136, zuletzt Günter Nesselmüller, Rechtliche Einwirkungsmöglichkeiten der Gemeinden auf ihre Eigengesellschaften, Schriften zum deutschen Kommunalrecht, Band 14, Siegburg 1977, S. 97 ff.

VIII. Plenumsdiskussion zu den Referaten von Bruno Kropff und Volker Emmerich geleitet von Frido Wagener

Berichterstatter: Albrecht Nagel

In der Diskussion nahm man sich sechs Themenkreisen an: der Rechtfertigung öffentlicher Unternehmen, ihrer erwerbswirtschaftlichen Ausrichtung, den privatwirtschaftlichen Erstellungsformen, den Interessengegensätzen zwischen Unternehmen und Unternehmensträgern, den Folgen einer nicht auftragsorientierten Einflußnahme auf öffentliche Unternehmen und der Überprüfung der Aufgabenerfüllung.

1. Dr. Ralph *Ganter*, Universität Mannheim, fragte nach der Rechtfertigung öffentlicher Unternehmen, wenn seitens des Staates keine Einflußnahme erfolge. Ministerialdirigent Dr. Bruno *Kropff*, Bundesministerium der Finanzen, Bonn, erklärte, daß der Bund durch die Vorbereitung unternehmerischer Entscheidungen auf der Ebene des Aufsichtsrates und durch die jährliche Überprüfung der Unternehmensplanung intensiv Einfluß nähme. Professor Dr. Günter *Püttner*, Hochschule Speyer, interpretierte Professor Dr. Volker *Emmerich*, Universität Bielefeld, dahingehend, daß im Falle einer fehlenden bzw. geringen staatlichen Einflußnahme öffentliche Unternehmen eigentlich ein überlebter Fremdkörper seien. Wenn es sie schon gäbe, sollten sie sich um der Wettbewerbswirtschaft willen und im Sinne einer optimalen Wirtschaftsordnung wie private Unternehmen verhalten. Die öffentliche Hand träte in diesem Fall nicht als öffentlicher Unternehmer auf, sondern lediglich als Kapitalgeber.

Wilhelm R. *Kux*, Institut für Kommunalwissenschaften der Konrad-Adenauer-Stiftung, St. Augustin, schlug vor, die Notwendigkeit öffentlicher Unternehmen aus dem Versagen des Marktes und den Konsequenzen für die Realisierung gesellschaftspolitischer Ziele herzuleiten. Grundsätzlich verwirklichten der Marktmechanismus und die privaten Unternehmungen die gesellschaftspolitischen Ziele effizient, und zwar ohne die schwierigen Personalprobleme des öffentlichen Dienstherrn und das Erfordernis gesamtstaatlicher Entscheidungen im Sinne einer Entlastung politischer Prozesse. *Kropff* entgegnete, daß die vorhandenen Steuerungsmittel, Förderungsmöglichkeiten und Investitionsanreize der regionalpolitischen Bedeutung der Bundesunternehmen nicht voll entsprächen. In vielen Fällen sei als Kern wirtschaftlicher Aktivität ein öffentliches Unternehmen unentbehrlich. Dies zeige sich daran, daß in Zeiten einer konjunkturell labilen Phase nicht einmal auf Teile der öffentlichen Aktivitäten verzichtet werden könne, ohne erheblichen regionalpolitischen Bedenken zu begegnen.

Beigeordneter a. D. Dr. Walter *Imroll*, Neuss, knüpfte an *Kropffs* Ausführungen über die Zufälligkeit der Arten öffentlicher Unternehmen des Bundes an und stellte die Frage: Sollten Bund, Länder und Gemeinden ihre Unternehmenspolitik nicht an bestimmten Grundsätzen ausrichten? Läge ein öffentliches Interesse vor, so sollten Unternehmen als öffentliche geführt und private Unternehmen gegebenenfalls in solche umgewandelt werden (z. B. Rüstungsbetriebe); fehle das öffentliche Interesse, so seien private Unternehmen vorzuziehen und öffentliche Unternehmen gegebenenfalls zu privatisieren (z. B. auf dem Sektor der Aluminiumherstellung).

2. Dr. Wolf-Dieter *Becker*, Verband öffentlicher Banken, Bonn-Bad Godesberg, fragte, inwieweit der öffentliche Auftrag mit einer erwerbswirtschaftlich orientierten Unternehmensführung vereinbar sei? *Kropff* begründete seine diesbezügliche These wie folgt: Die Bundeshaushaltsordnung und die Haushaltsordnungen der Länder machten das Eingehen einer Beteiligung davon abhängig, ob eine öffentliche Aufgabe vorliege. Die Beteiligungen des Bundes erfüllten bestimmte öffentliche Aufgaben, die durch ihre Bedeutung für die Regionalpolitik und die sektorale Strukturpolitik zu charakterisieren seien. Was für eine öffentliche Aufgabenart gilt, gelte nicht notwendigerweise für andere Aufgabenarten. Im Falle der Unternehmen des industriellen Bundesvermögens sei es falsch, wenn sie jede öffentliche Aufgabe in gleicher Weise und in gleichem Rang erfüllen müßten. Das würde ihre eigentlichen Ziele wie die Erhaltung sowie Bereitstellung von Investitionen sowie Arbeitsplätzen gefährden. Im Ausland könne man erkennen, wie mit der gleichzeitigen Ausrichtung an regionalpolitischen und an sehr vielen anderen öffentlichen Zielen der Ertrag als Kontrollinstrument völlig verloren gehe. Das Resultat seien Defizitunternehmen, die vom Steuerzahler ständig subventioniert werden müßten. Um dieser Gefahr zu entgehen, hätten sich die Unternehmen im Wettbewerb zu bewähren und dürften sich nicht hinter angeblich anderen öffentlichen Aufgaben verschanzen, sofern sie scheitern.

3. *Kux* bezeichnete als Alternative zu den öffentlichen Unternehmen die Sicherung politischer Gemeinwohlziele durch den verstärkten Einsatz gesetzlicher Rahmenbedingungen. Er plädierte auch für eine Tren-

nung der Lenkungs- von den Erstellungsfunktionen. Die Effizienz bei der Schaffung des Gemeinwohls werde am ehesten durch privatwirtschaftliche Erstellungsformen gesichert, für deren Besitz in öffentlicher Hand nichts spräche. Die Zieldefinition gehöre in den Bereich der Politik. Die den Unternehmen auferlegten sozialen Effekte seien zu berechnen und etwaige gemeinwirtschaftliche Lasten am besten durch Subjektförderung zu erstatten. *Püttner* verwies *Kux* auf die leidvolle Geschichte konzessionierter Privatunternehmen vor dem ersten Weltkrieg, z. B. von Gas- und Verkehrsgesellschaften. Wegen der schlechten Erfahrungen mit den Konzessionsverträgen — Prozesse in unerfreulicher Form bis zum Reichsgericht — habe man danach kommunalen Regiebetrieben den Vorzug gegeben. Weitgehend in Vergessenheit geraten sei zudem, daß es sich bei Versorgungs- und Verkehrsunternehmen um natürliche Monopole handle. Damals wie heute sei davon auszugehen, daß natürliche Monopole in die öffentliche Hand gehörten.

4. *Püttner* hob hervor, daß sowohl *Emmerich* als auch *Kropff* von einem Gegensatz zwischen den Interessen des Unternehmens als solchem und den Interessen des Bundes ausgingen. Er selbst habe immer bestritten, daß hier ein grundsätzlicher Konflikt bestünde. Nicht das Unternehmen an sich, sein Vorstand, die Belegschaft, konstituieren die Interessen des Unternehmens, vielmehr würden diese vom Unternehmensträger als Zweck und Ziel des Unternehmens gesetzt. Wenn der Unternehmensträger Anweisungen erteile, so sei dies sein gutes Recht. *Becker* machte in diesem Zusammenhang auf die gesetzlichen und satzungsmäßigen Vorschriften im Bereich der öffentlichen Kreditwirtschaft aufmerksam. Danach sei der Hauptzweck von Landesbanken nicht die Gewinnerzielung, vielmehr die Erfüllung gesetzlich umrissener und im politischen Prozeß bestimmter Aufgaben. Beigeordneter Dr. Paul *Münch*, Verband kommunaler Unternehmen, Köln, sah einen Gegensatz zwischen den Eigentümer- und den Unternehmensinteressen im Bereich der gemischtwirtschaftlichen Unternehmen als gegeben an. Als Beispiel verwies er auf die Hamburger Elektrizitätswerke mit dem Stadtstaat Hamburg und privaten Aktionären als Eigentümergruppen. Hier kam es zu einem Prozeß, als der Senat von Hamburg in einer konkreten Situation eine Tariferhöhung verhinderte. Die privaten Aktionäre sahen hierin ein pflichtwidriges Handeln, da ihre Dividende beschnitten wurde.

5. Direktor Heinz *Schauwecker*, Zweckverband Bodensee-Wasserversorgung, Stuttgart, betonte den Unterschied zwischen öffentlicher Kontrolle und öffentlicher Einflußnahme. Was den Unternehmen, solange sie als Eigenbetriebe geführt werden, geschadet habe, war nicht die öffentliche Einflußnahme auf den Auftrag selbst, sondern die Ein-

flußnahme in sekundären Bereichen (z. B. Nulltarif, Personalpolitik). Impliziere das Ausweichen vor einer illegalen Einflußnahme in die Rechtsform der AG aber nicht die Gefahr, daß das Unternehmen zum Selbstzweck werde und seinem öffentlichen Auftrag allmählich entgleite?

6. *Kropff* erläuterte den Prozeß der Kontrolle für den Fall, daß eine öffentliche Aufgabe des Bundes in ein rechtlich selbständiges Unternehmen verlagert wird. Die Geschäftstätigkeit werde durch einen jährlichen Prüfungsbericht erfaßt, der dem Ministerium vorgelegt, überprüft und dem Bundesrechnungshof zugeleitet werde. Der jährliche Bericht des Bundesrechnungshofes über die Beteiligungen des Bundes bei Unternehmen mit eigener Rechtspersönlichkeit an das Parlament erlaube eine Behandlung im Rechnungsprüfungsausschuß. Hier müsse die Verwaltung nicht nur Rede und Antwort über die Einhaltung des öffentlichen Auftrags stehen, sondern auch über eventuelle Verstöße gegen die Ordnungsmäßigkeit der Geschäftsführung usw. *Püttner* formulierte bezüglich der Kontrolle durch den Bundesrechnungshof den Eindruck, daß dieser bestenfalls die Wirtschaftlichkeit prüfe, daß die Kontrolle der öffentlichen Aufgabenerfüllung hingegen bisher zu kurz gekommen sei. *Schauwecker* stellte die Frage, ob das kaufmännische Rechnungswesen eine Effizienzkontrolle ermöglichen könne, die nachweise, in welchem Umfang ein Unternehmen seinem öffentlichen Auftrag gerecht geworden sei. *Münch* betonte hier die Notwendigkeit einer klaren Vorgabe von Zielen durch den Unternehmensträger. Trotz zu erwartender methodischer Schwierigkeiten sollte es eine klare Zielvorgabe ermöglichen, daß der Grad der öffentlichen Aufgabenerfüllung durch die Prüfungsinstanzen mit ermittelt werde.

Wagener leitete zu dem Komplex der „bürgerschaftlichen" Kontrolle über. Wenn im Großraumverkehr von Städten zu 90 Prozent mit Fremdmitteln investiert werde, so bedeute dies laufende Defizite für die 80er Jahre in einer nahezu unbezahlbaren Größenordnung. Wo bleibe die „bürgerschaftliche" Kontrolle dieser von den Stadträten nicht mehr kontrollierten Entscheidungen? *Püttner* bezweifelte, daß bürgerschaftliche Mitwirkung die von *Wagener* erwähnten Entscheidungen verhindere. Er erwähnte die Errichtung überdachter Fußballstadien ohne das Vorhandensein qualifizierter Mannschaften als ein weiteres Beispiel für typische Entscheidungen, die man ohne Erörterung der Folgekosten fälle. Der U-Bahn-Bau sei eine Modeerscheinung und werde im konkreten Fall durchaus von der Bürgerschaft gewollt. Die Verselbständigung von Unternehmen sei ein Versuch, bürgerschaftlichen Entscheidungen dieser Art ein gewisses Gegengewicht entgegenzusetzen. Diese Tendenz sei erkennbar und man müsse sich ihr stellen. Ministerialrat Dr. Helmut *Meier*, Bundesrechnungshof, Frankfurt, berichtete von der Umwandlung eines Berliner Regiebetriebes der Energieerzeugung in eine GmbH. Das Berliner Abgeordnetenhaus wollte sich seines Einflusses nicht begeben und wünschte eine halbjährliche Berichterstattung an seinen Hauptausschuß, was der Finanzsenator jedoch mit Hinweis auf entgegenstehende Regelungen des Aktien- und des GmbH-Gesetzes ablehnte. Wie sei dieser Fall zu beurteilen? *Kropff* erläuterte, daß die aktienrechtliche Verschwiegenheitspflicht nicht für den Bericht eines Aufsichtsratsmitglieds an sein Ministerium gelte, wohl aber für alle, die im Rahmen der öffentlichen Beteiligungsverwaltung damit vertraut seien. Wenn etwa dem Rechnungsprüfungsausschuß des Bundestages in vergleichbaren Fällen aufgrund der Sonderregelung des Aktienrechts berichtet werde, so sei dies nur deshalb möglich, weil er gemäß der Geheimschutzordnung des Parlaments die Vertraulichkeit der Sitzung beschließe. Dieses Verfahren erscheine ihm als eine sachgerechte Lösung, da sie unter dem Schutz der Verschwiegenheitspflicht dem Parlament alle Kontrollmöglichkeiten eröffne.

C. Führungsprobleme öffentlicher Unternehmen

I. Die Operationalisierung der Unternehmensziele

Von Peter Friedrich

1. Problemstellung

Interpretationen des Unternehmensauftrages von Bundesbahn, Bundespost, Versorgungsunternehmen und öffentlichen Banken zeigen deutlich, daß öffentliche Aufträge der Präzisierung bedürfen[1]. Zum einen werden in diesen Unternehmensaufträgen *Aktivitätsbereiche* angesprochen und zum anderen *Zielvorstellungen* erwähnt. Die Konkretisierung des Unternehmensauftrages ist deshalb in zweierlei Hinsicht vorstellbar: einmal, indem eine Spezifizierung von bloßen Aktivitäten erfolgt oder indem man sich einer näheren Bestimmung der Ziele widmet (vgl. Abb. 1). Neuerdings legen Volks- und Betriebswirte besonders auf die letztere Konketisierungsmöglichkeit gesteigerten Wert[2]. Die Ansicht herrscht vor, Ziele seien eine der wichtigsten Grundlagen der Unternehmensführung. Dennoch ist noch nicht hinreichend geklärt, ob überhaupt eine systematische Operationalisierung der Unternehmensziele erfolgen sollte oder ob es vorzuziehen sei, Ziele nach Bedarf ad hoc, unabgestimmt und ohne grundsätzliche Ausrichtung auf langfristige Absichten zu setzen. Um für öffentliche Unternehmen zwischen diesen Möglichkeiten abwägen zu können, sollen in diesem Beitrag folgende Fragestellungen diskutiert werden:

— Welche Erfolgsaussichten besitzen Operationalisierungsbemühungen bezüglich der Unternehmensziele öffentlicher Unternehmen?

— Inwieweit läßt sich die Zielerfüllung der operationalisierten Unternehmensziele kontrollieren?

---

[1] Vgl. die Kurzreferate von Herrmann, Potthoff, Duppré und Oettle über die Aufträge öffentlicher Unternehmen in diesem Tagungsband.

[2] Jürgen Berthel, Zielorientierte Unternehmungssteuerung, Die Formulierung operationaler Zielsysteme, Stuttgart 1973, Eberhard Seidel, Betriebliche Führungsformen, Geschichte, Konzept, Hypothesen, Forschungen, Reihe Betriebswirtschaftliche Forschungen, Band 30, Stuttgart 1977, Theodor Pütz, Grundlagen der theoretischen Wirtschaftspolitik, Stuttgart 1971.

Erst nach ihrer Beantwortung vermag man die Vorteilhaftigkeit der Ausrichtung umfangreicher Aktivitäten des Managements öffentlicher Unternehmen auf die Operationalisierung von Zielen zu beurteilen.

2. Probleme der Operationalisierung von Unternehmenszielen

a) Allgemeine Operationalisierungsschwierigkeiten

aa) Uneinheitliche Definitionen von Operationalität

Eine auf operationalisierte Ziele ausgerichtete Unternehmensführung stößt schon deshalb auf beträchtliche Schwierigkeiten, weil keine einheitliche Auffassung darüber herrscht, was eine *Operationalisierung* von Zielen eigentlich ist. So versteht man unter Operationalisierung im Schrifttum beispielsweise:

— den Grad der Zielpräzision[3],

— den Grad der Meßbarkeit von Zielen[4],

— die Angabe von Indikatoren für die Zielerreichung[5] oder

— die Anforderungen an Zielformulierungen, die darauf beruhen, daß Ziele Steuerungsfunktionen erfüllen sollen[6].

Um die Operationalisierungschancen der Unternehmensziele öffentlicher Unternehmen abschätzen zu können, wird zunächst die Klärung des Begriffes der Operationalität dieser Ziele erforderlich.

Ziele beinhalten Anforderungen, die zum einen erwünschte Unternehmensergebnisse zum Ausdruck bringen und auf deren Basis zum anderen Entscheidungen zu fällen sind. Die Entscheidungsvielfalt in öffentlichen Unternehmen und die Tatsache, daß sich die Entscheidungsergebnisse nicht nur aus ökonomischer Sicht beurteilen lassen, eröffnen mannigfaltige Konkretisierungsmöglichkeiten von Zielen. Ziele beziehen sich nämlich auf Anforderungen hinsichtlich ökonomi-

---

[3] Jürgen Wild, Grundlagen der Unternehmungsplanung, Reinbek bei Hamburg 1974, S. 58.

[4] Klaus Mackscheidt und Jörg Steinhausen, Finanzpolitik, Grundfragen fiskalischer Lenkung, Tübingen 1973, Jürgen Berthel, a.a.O., S. 31 ff., Renate Mayntz, Thesen zur Steuerungsfunktion von Zielstrukturen, in: Planungsorganisation, Die Diskussion um die Reform von Regierung und Verwaltung des Bundes, hrsg. v. Renate Mayntz, Fritz Scharpf, München 1973, S. 92.

[5] Karl Dieter Opp, Methodologie der Sozialwissenschaften, Reinbek bei Hamburg 1970 und die dort angegebene Literatur, Jürgen Berthel, a.a.O., S. 24 ff., Jürgen Wild, a.a.O., S. 58 ff., Winfried Hamel, Zur Zielvariation in Entscheidungsprozessen, in: Zeitschrift für betriebswirtschaftliche Forschung, Jg. 25 (1973), S. 751 ff.

[6] Norbert Szyperski, Das Setzen von Zielen — Primäre Aufgabe der Unternehmungsleitung, in: Zeitschrift für Betriebswirtschaft, Jg. 41 (1971), S. 661.

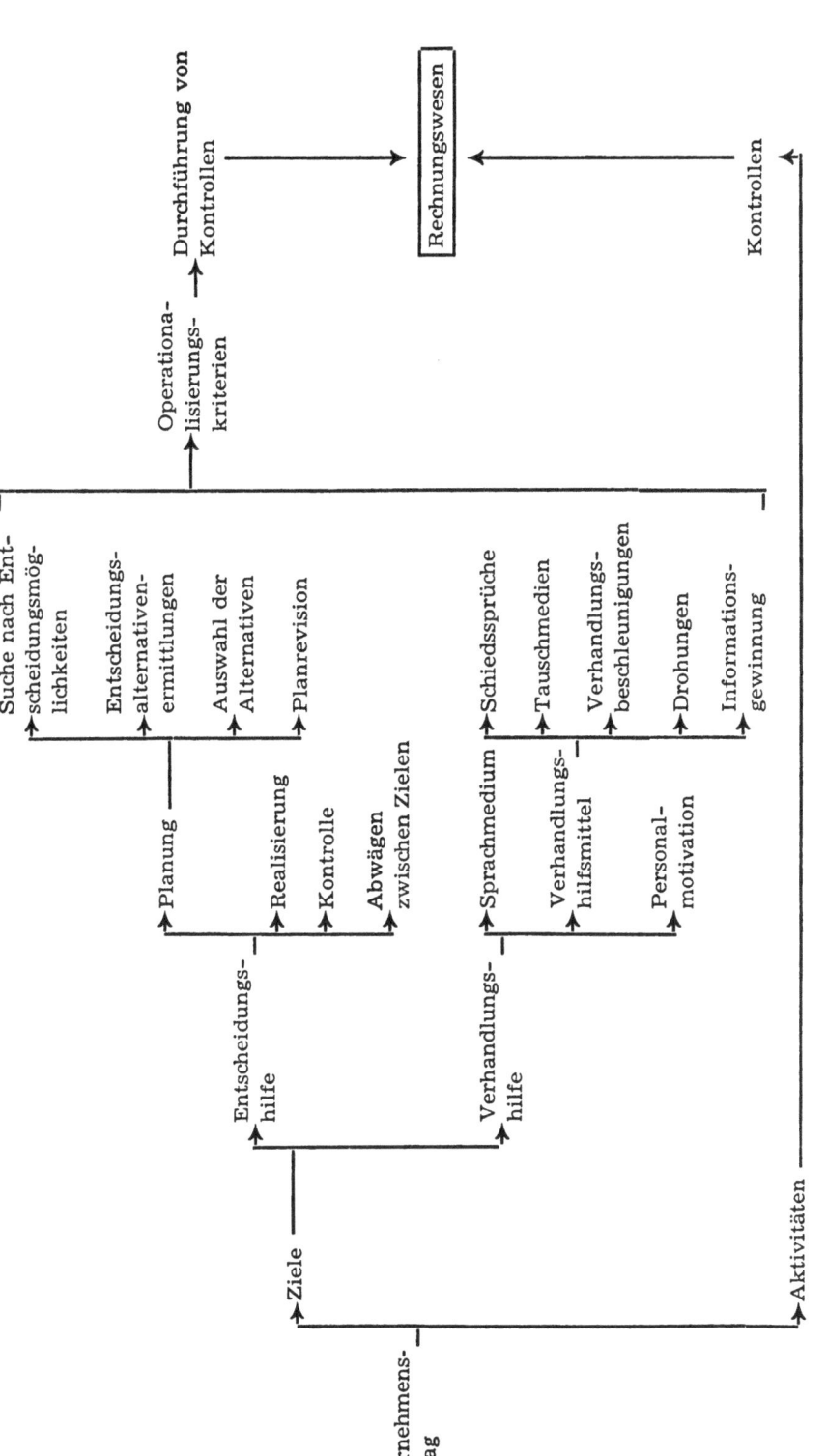

Abbildung 1: Operationalisierung des Auftrags eines öffentlichen Unternehmens

scher und nicht-ökonomischer Ergebnisse und sie besitzen sowohl ökonomische als auch andere Funktionen in öffentlichen Unternehmen.

In diesem Beitrag wird einschränkend dann von einem *operational formulierten Ziel* gesprochen werden, wenn es so präzise ausgedrückt worden ist, daß die Formulierung des Zieles der Erfüllung seiner ökonomischen Funktionen nicht entgegensteht. Mit Operationalität sind die entsprechenden Zielformulierungsanforderungen gemeint. Um Operationalisierungskriterien zu erlangen, sei kurz an die Führungsfunktionen von Zielen bei öffentlichen Unternehmen erinnert.

bb) Zahlreiche Funktionen der Ziele

Ziele dienen der Führung öffentlicher Unternehmen in zweifacher Hinsicht (vgl. Abb. 1). Sie sind erforderlich, um Entscheidungen im Sinne des Unternehmensauftrages zu erleichtern. Weiterhin bilden sie ein Hilfsmittel der Verhandlungsführung und der Durchsetzung dieses Auftrages. Als *Entscheidungshilfe* werden Ziele im Rahmen von Planungen benötigt:

— bei der Orientierung der Suche nach sinnvollen Entscheidungsmöglichkeiten,

— für die Gewinnung einzelner Entscheidungsalternativen,

— für die Auswahl der bewerteten Alternativen und

— für die Festlegung möglicher Planrevisionen.

Ziele fundieren darüber hinaus Realisierungs- und Kontrollentscheidungen. Außerdem sind sie der Abwägung zwischen alternativen Zielen förderlich.

Die Funktionen von Zielen als Sprachmedium oder als Verhandlungshilfsmittel begünstigen nicht nur die *Verhandlungsführung* sondern auch die *Durchsetzung* von Managementverfügungen. Ziele erleichtern nämlich Schiedssprüche, bilden ein Tauschmedium, und sie beschleunigen Verhandlungserfolge, wenn geeignete Zielformulierungen Einsicht und Einigung bei Verhandlungsteilnehmern fördern. Außerdem fungieren Ziele als Mittel zur Verdeutlichung von Drohstrategien, und sie unterstützen die Gewinnung von Informationen. Insgesamt gesehen erleichtert die Kenntnis der Ziele auch die Ausrichtung des Personals auf die jeweilige Zielerfüllung.

Obwohl diese Aufzählung der zahlreichen Funktionen von Zielen keinem Anspruch auf Vollständigkeit genügt, bietet dieser Funktionskatalog (vgl. Abb. 1) Hinweise auf allgemeine Operationalisierungskriterien.

I. Die Operationalisierung der Unternehmensziele 111

cc) Vielfältige Operationalisierungskriterien

Wenn *Ziele als Entscheidungshilfe* dienen sollen, hat man folgende Operationalisierungskriterien (vgl. Abb. 2) zu beachten:

Das zur Debatte stehende Ziel sollte spezifiziert werden hinsichtlich

— der Zielempfänger (personenbezogene Operationalisierung), z. B. Abteilungsleiter, Trägerorgane, Kunden;
— des Zielinhaltes (sachbezogene Operationalisierung), z. B. Ausrichtung auf erwünschte Aktivitäten, Art und Umfang der Verkehrsbedienung, tolerierbare Über- und Unterschreitung dieser Bedienungsmengen,
— des Zielzeitraumes (zeitbezogene Operationalisierung), z. B. Verlustreduktion innerhalb eines Jahres;
— des Zielgebietes (raumbezogene Operationalisierung), z. B. Gleichheit der Verkehrsbedienung in einer festgelegten Region;
— der Zielwirkungsrichtung (intern- oder externbezogene Operationalisierung), z. B. Gewinnerzielung in den öffentlichen Unternehmen selbst, Zeitersparnisse bei Nutzern;
— Zielerreichungsfolgen (konsequenzbezogene Operationalisierung), z. B. Operationalisierung eines Zieles, etwa der angemessenen Verkehrsbedienung in einer Region, unter gleichzeitiger Berücksichtigung des aus der Zielerfüllung resultierenden zukünftigen Zielwandels, z. B. Verlustvermeidung bei Verkehrsunternehmen;
— der zugehörigen Managementphase (phasenbezogene Operationalisierung), Planungsziele, z. B. Vorstellungen über Richtzahlen in Entwicklungsplänen; Realisierungsziele, z. B. Dauer von Bauausführungen; Kontrollziele, z. B. erwünschter Personalbestand;
— der zuzuordnenden Managementebene (ebenenbezogene Operationalisierung), z. B. Zuordnung der Ziele für die Auswahl von Führungspersonal;
— der Zielordnung (konzeptionsbezogene Operationalisierung), z. B. Dominanz mancher Leistungsziele gegenüber Gewinnerzielungsabsichten.

Dieser Katalog erfährt Ergänzungen, falls die Ziele vornehmlich der *Verhandlungshilfe* gewidmet sein sollen. Eine Spezifizierung wird erforderlich im Hinblick auf:

— die gebräuchlichen Zielmedien (sprachbezogene Operationalisierung), z. B. Benutzung von Einwohnerzahlen, Arbeitsplätzen, Gewinngrößen;

— das Zielverständnis (akzeptanzbezogene Operationalisierung), z. B. Formulierung eines Zieles in der Weise, daß es den Wertungen eines Verhandlungspartners entspricht, oder den vermuteten Zielvorstellungen eines Schiedsrichters nahe kommt;

— Zielreaktion (reaktionsbezogene Operationalisierung), z. B. Ausgestaltung zur Änderung der Zielvorstellungen des Verhandlungspartners, Ausrichtung auf Gegenaktionen eines Konkurrenten.

Je nach der Funktion eines Zieles gelangen differierende Operationalisierungskriterien, etwa wenn Ziele als Drohmittel dienen, zur Anwendung.

Abbildung 2: Operationalisierungskriterien

Zielempfänger	— personenbezogene Operationalisierung
Zielinhalt	— sachbezogene Operationalisierung
Zielzeitraum	— zeitbezogene Operationalisierung
Zielgebiet	— raumbezogene Operationalisierung
Zielwirkungsrichtung	— intern- oder externbezogene Operationalisierung
Zielerreichungsfolgen	— konsequenzbezogene Operationalisierung
Managementphase	— phasenbezogene Operationalisierung Planungs-, Realisierungs-, Kontrollziele
Managementebene	— ebenenbezogene Operationalisierung
Zielordnung	— konzeptionsbezogene Operationalisierung
Zielmedien	— sprachbezogene Operationalisierung
Zielverständnis	— akzeptanzbezogene Operationalisierung
Zielreaktion	— reaktionsbezogene Operationalisierung

Die Operationalisierung bildet somit einen sehr komplexen Vorgang. Für dessen Erfolgsaussichten kommt erschwerend hinzu, daß die Operationalisierung eines Zieles nicht nur dessen Funktionen und damit den entsprechenden Operationalisierungskriterien Rechnung tragen muß. Die Ausprägung dieser Kriterien hängen nämlich auch von Eigenheiten dieses Zieles selbst ab.

dd) Differierende Unternehmensziele

Bei öffentlichen, insbesondere gemischtwirtschaftlichen Unternehmen, erlangen sowohl *private* als auch *öffentliche* Ziele Bedeutung. Eine Rolle spielt für die Operationalisierung öffentlicher Ziele, ob gesamtstaatliche Interessen des Bundes oder teilstaatliche Interessen, z. B. der Länder, die Ziele bestimmen[7]. Die Eigenschaften von Zielbündeln

---

[7] Peter Eichhorn und Peter Friedrich, Verwaltungsökonomie I, Methodologie und Management der öffentlichen Verwaltung, Schriften zur öffentlichen

I. Die Operationalisierung der Unternehmensziele

oder einzelnen Zielen (z. B. gesellschaftliche, staatliche, wirtschaftliche, betriebliche) rufen Operationalisierungsunterschiede hervor[8]. Die Ziele öffentlicher Unternehmen werden in Ziele, die die finanzielle Sphäre einer öffentlichen Unternehmung betreffen und solche Ziele eingeteilt, die die Leistungssphäre zum Gegenstand haben[9]. Den Operationalisierungskriterien kommt auch bei diesen Zielgruppen unterschiedliches Gewicht zu.

Darüber hinaus sind *Unternehmensziele*[10] von Bereichszielen, etwa Beschaffungs-, Leistungserstellungs-, Absatz- und Finanzzielen zu trennen. Die Unternehmensziele beziehen sich auf das Unternehmen als Ganzes und führen zu Entscheidungen, die sämtliche Unternehmensbereiche betreffen, z. B. Vorstellungen über die Rechtsform, das grundsätzliche Leistungsprogramm, den Standort, die Führungskonzeption usw.

Die Formulierung der Unternehmensziele konzentriert sich meist auf das Topmanagement, während das Setzen der Bereichsziele in der Regel in die Zuständigkeit der mittleren und unteren Managementebene fällt. Ziele werden in obere, mittlere und untere Ziele aufgegliedert, wobei die letzteren jeweils zur Realisierung des höherrangigen Zieles beitragen. Zu den Unternehmenszielen gehören alle drei Kategorien, obwohl die oberen Ziele dominieren.

Differierende Ziele erschweren einen einheitlichen Operationalisierungsversuch, aber die Beschränkung auf Unternehmensziele scheint dieses Vorhaben zu vereinfachen.

ee) Ungeklärte Operationalisierungsverfahren

Obwohl für Unternehmensziele grundsätzlich alle Operationalisierungskriterien herangezogen werden müssen, stehen jeweils einige Kriterien aufgrund der Zielart und der Funktion des betreffenden Zieles im Vordergrund. Eine Übersicht verdeutlicht diesen Sachverhalt,

---

Verwaltung und öffentlichen Wirtschaft, hrsg. von Peter Eichhorn und Peter Friedrich, Bd. 1, Baden-Baden 1976, S. 120 - 126.

[8] Bernd Hubka, Struktur, Inhalt und Entstehung gemeinwirtschaftlicher Zielsetzungen, in: Archiv für öffentliche und gemeinnützige Unternehmen, Band 10 (1972), S. 329 - 342, Theo Thiemeyer, Wirtschaftslehre öffentlicher Betriebe, Reinbek bei Hamburg 1975, S. 60 - 108, Karl Oettle, Über den Charakter öffentlich-wirtschaftlicher Zielsetzungen, Grundfragen öffentlicher Betriebe I, Schriften zur öffentlichen Verwaltung und öffentlichen Wirtschaft, hrsg. von Peter Eichhorn und Peter Friedrich, Bd. 14, Baden-Baden 1976, S. 9 - 35.

[9] Eberhard Witte unter Mitwirkung von Jürgen Hauschildt, Die öffentliche Unternehmung im Interessenkonflikt, Betriebswirtschaftliche Studie zu einer Zielkonzeption der öffentlichen Unternehmung, Berlin 1966.

[10] Jürgen Berthel, a.a.O., S. 4 ff., Jürgen Hauschildt, Entscheidungsziele, Empirische Theorie der Unternehmung, hrsg. von Eberhard Witte, Band 9, Tübingen 1977.

Abbildung 3: Schema einer Checkliste für Operationalisierungen

		Zielart Übung und Erhaltung der Kräfte pflegebedürftiger alter Menschen		
		Entscheidung	Verhandlung	Entscheidung und Verhandlung
Operationalisierungskriterien	personenbezogene Operationalisierung	X	X	X
	sachbezogene Operationalisierung	X		
	zeitbezogene Operationalisierung	X		
	raumbezogene Operationalisierung	X		
	intern- oder extern-bezogene Operationalisierung	X		
	konsequenzbezogene Operationalisierung	X	X	X
	phasenbezogene Operationalisierung	X	X	X
	ebenenbezogene Operationalisierung	X	X	X
	konzeptionsbezogene Operationalisierung	X	X	X
	sprachbezogene Operationalisierung		X	
	akzeptanzbezogene Opertionalisierung		X	
	reaktionsbezogene Operationalisierung		X	

I. Die Operationalisierung der Unternehmensziele

wenn die Funktionen und Grundtypen von Unternehmenszielen den Operationalisierungskriterien gegenübergestellt werden (vgl. Abb. 3).

Man gewinnt eine *Checkliste* für die wichtigsten Unternehmensziele, je nachdem ob die Entscheidungsfunktion, die Verhandlungsfunktion oder beide Funktionen im Vordergrund stehen. Eine derartige Checkliste könnte dem Praktiker erste Informationen über Operationalisierungserfordernisse bieten, ohne daß eine Planungsabteilung bemüht werden muß.

Verfahren, die es erlauben, Ziele hinsichtlich aller Kriterien zu operationalisieren, fehlen weitgehend. *Operationalisierungsschwierigkeiten* werden von Unklarheiten bezüglich der Abfolge der Kriterienfestlegung sowie der Wahl der Intensitäten der Kriterien verursacht. Offen bleiben bislang die Fragen, inwieweit einzelne Ziele gleichzeitig, nebeneinander oder hintereinander zu operationalisieren sind und wie der Verlust von Operationalisierungsalternativen, die mit den einzelnen Operationalisierungsschritten einhergehen, einzuschätzen ist. Das üblicherweise versuchte Verfahren, aus oberen Zielen mittlere und untere abzuleiten, um anschließend eine Zielordnung aufzubauen, läßt — mit Ausnahme von Zielinhalt und Zielordnung — andere Operationalisierungskriterien meist außer acht. Es existieren einzelne Methoden der Zielfindung — z. B. Brainstorming, Delphimethode, Relevanzbaummethoden, Suchregeln[11] usw. Darüber hinaus stehen Methoden der Zielbestimmung[12] und der Zielordnungsfestlegung im Rahmen von Kostenwirksamkeits-, Nutzwertanalysen, PPBS usw. bereit[13]. Die Bestimmung von Sachzielen gelingt, wenn die allgemeine Zielordnung gege-

---

[11] Zu den Grundlagen und Hauptproblemen siehe Alex F. Osborn, Applied Imagination, Principles and Procedures of Creative Thinking, New York 1957, C. W. Taylor, Creativity, Progress and Potential, New York 1964, Charles H. Clark, Brainstorming, Methoden der Zusammenarbeit und Ideenfindung, 2. Aufl., München 1967, Erich Jantsch, Technological Forecasting in Perspective, Paris 1967, Friedhelm Wilkenloh, Grundzüge moderner Managementmethoden und die Möglichkeiten ihrer Anwendung in der öffentlichen Verwaltung, in: Archiv für das Post- und Fernmeldewesen, Jg. 23 (1971), S. 99 - 126, Jürgen Berthel, Heuristische Ansätze zur Überwindung von Prognose-Problemen der Planung, in: Hans Ulrich (Hrsg.), Unternehmensplanung, Wiesbaden 1975, S. 259 - 275, insb. S. 271 ff., Peter Eichhorn und Peter Friedrich, a.a.O., S. 300 - 316.

[12] Alan R. Prest und Ralf Turvey, Cost-Benefit Analysis: A Survey, in: Surveys of Economic Theory, Vol. III, New York 1966, S. 155 ff., Nutzen-Kosten-Analyse und Programmbudget, hrsg. von Horst Claus Recktenwald, Tübingen 1970, Edmund Heinen, Grundlagen betriebswirtschaftlicher Entscheidungen, Das Zielsystem der Unternehmung, 2. Auflage, Wiesbaden 1971, Christof Zangemeister, Nutzwertanalyse in der Systemtechnik, 3. Auflage, München 1973.

[13] Heinrich Reinermann, Programmbudgets in Regierung und Verwaltung, Möglichkeiten und Grenzen von Planungs- und Entscheidungssystemen, Schriften zur öffentlichen Verwaltung und öffentlichen Wirtschaft, hrsg. von Peter Eichhorn und Peter Friedrich, Bd. 6, Baden-Baden 1975, S. 89 ff.

ben ist, z. B. mit Hilfe des linearen Programmierens[14] (bei der Festlegung von Produktionsmengen der Zechen mehrerer Kohlenreviere, für den Fall räumlich und mengenmäßig vorgegebener Endnachfrage). Alle diese Verfahren sind jedoch nur für einzelne Operationalisierungsabschnitte brauchbar.

Die Gesamtoperationalisierung leidet allein schon unter der Tatsache, daß der Manager die Operationalisierungsziele selbst nicht kennt oder nicht operational zu definieren vermag. Die *allgemeine Empfehlung*, Ziele seien so weit zu operationalisieren, bis der daraus resultierende Vorteilzuwachs dem Nachteilzuwachs gleicht, bietet dem Praktiker wenig Hilfe.

Schon wegen ihrer fehlenden Ausrichtung auf Unternehmensziele leisten die als Ersatz manchmal angebotenen *Operationalisierungsgrundsätze*, wie[15]

— klare, einfache, eindeutige Zielformulierung,
— Ausrichtung auf übergeordnete Ziele,
— Beachtung langfristiger Entwicklungsziele,
— planmäßiges Ausloten des Operationalisierungsspielraumes,
— nur erreichbare Ziele sollen gesetzt werden,
— Ableitung von Erfolgsstandards,
— Ratifizierung von Zielen,

ebenfalls wenig Unterstützung.

Für Unternehmensziele sind zumindest die entscheidungsrelevanten Operationalisierungskriterien zu erfüllen. Der Konkretisierungsgrad der einzelnen Kriterien hat ein solches Maß zu erreichen, daß die Bereichsmanager entsprechende Bereichsziele operationalisieren können.

Mindestens erforderlich ist somit:

— eine genaue Angabe der angesprochenen Empfänger und Bereiche,
— die Bestimmung der Zielart insoweit, als die Bereichsmanager für ihre Bereiche erkennen können, wie sie zur Erfüllung des Unternehmenszieles beitragen,
— die Fixierung des Zielzeitraumes, der den Bereichen für die Zielerreichung zur Verfügung steht,
— die Angabe des Territoriums, auf den sich die Zielerreichung und die Bereichsziele zu konzentrieren haben,

---

[14] James M. Henderson, The Efficiency of the Coal Industry, An Application of Linear Programming, Cambridge, Mass. 1958.
[15] Willi Rückert, Grundlagen der Planung von Altenhilfeunternehmen, Diss. Köln 1974, Norbert Szyperski, a.a.O., S. 660 f.

I. Die Operationalisierung der Unternehmensziele

— eine Auskunft darüber, welche Planungsziele des Unternehmens die Bereiche zu unterstützen haben und welche Kontrollmaße auf Unternehmensebene Verwendung finden,

— die Existenz einer Zielordnung, die mindestens darüber Auskunft gibt, ob finanzielle oder Leistungsziele Dominanz besitzen, und inwieweit Leistungsmaximierung bei vorgegebener Gewinnhöhe, Gewinnmaximierung bei Mindestleistungsmengen oder Umsatzmaximierungsbestrebungen zum Zuge[16] kommen sollen.

Diese Grundsätze bilden jedoch keine hinreichende Basis für Operationalisierungen, insbesondere weil die Operationalisierung öffentlicher Ziele zu weiteren Anforderungen und zusätzlichen Schwierigkeiten führt.

b) Operationalisierungsschwierigkeiten eines öffentlichen Zieles

Die Sonderheiten und Schwierigkeiten der Operationalisierung öffentlicher Ziele werden anhand der Zielfestlegung eines Altenpflegeheimes demonstriert, das folgenden Unternehmensauftrag besitzt:

Das Pflegeheim „ist nach Bau, Ausstattung und Personalbesetzung darauf ausgerichtet, verbliebene Kräfte der alten Menschen mit ärztlicher Hilfe zu üben und zu erhalten sowie eine Besserung des Allgemeinzustandes, insbesondere durch aktivierende Pflege herbeizuführen"[17].

Die Operationalisierung des Zieles, die verbliebenen Kräfte der Heimbewohner zu üben und zu erhalten, soll im Mittelpunkt der folgenden Überlegungen stehen.

Als Zielempfänger berücksichtigt die *personenbezogene Operationalisierung* nicht nur die für die Bereichsaktivitäten verantwortlichen Ärzte, Therapeuten, Pfleger und die Mitglieder des Altenbeirates, sondern auch die Träger, z. B. Vertreter der Kirchengemeinde und Vertreter anderer Institutionen, wie des Diakonischen Werkes, der Stadt, des Sozialamtes, des Landschaftsverbandes und der Landesregierung. Eine für alle Zielempfänger gleichermaßen zutreffende Operationalisierung gestaltet sich schwierig.

Die *sachbezogene Operationalisierung* eines öffentlichen Zieles wird infolge der Vielfalt der Teilziele erschwert. So kann man das Unternehmensziel der Übung und Erhaltung der verbliebenen Kräfte mit Hilfe

---
[16] Peter Friedrich, Volkswirtschaftliche Investitionskriterien für Gemeindeunternehmen, Schriften zur angewandten Wirtschaftsforschung, hrsg. von Walther G. Hoffmann, Band 22, Tübingen 1969.
[17] RdErl. des Arbeits- und Sozialministers des Landes Nordrhein-Westfalen vom 4. 12. 1969 — IV A 4 — 5743.0.

118 Peter Friedrich

Abbildung 4: Zielbaum für sachbezogene Operationalisierungen

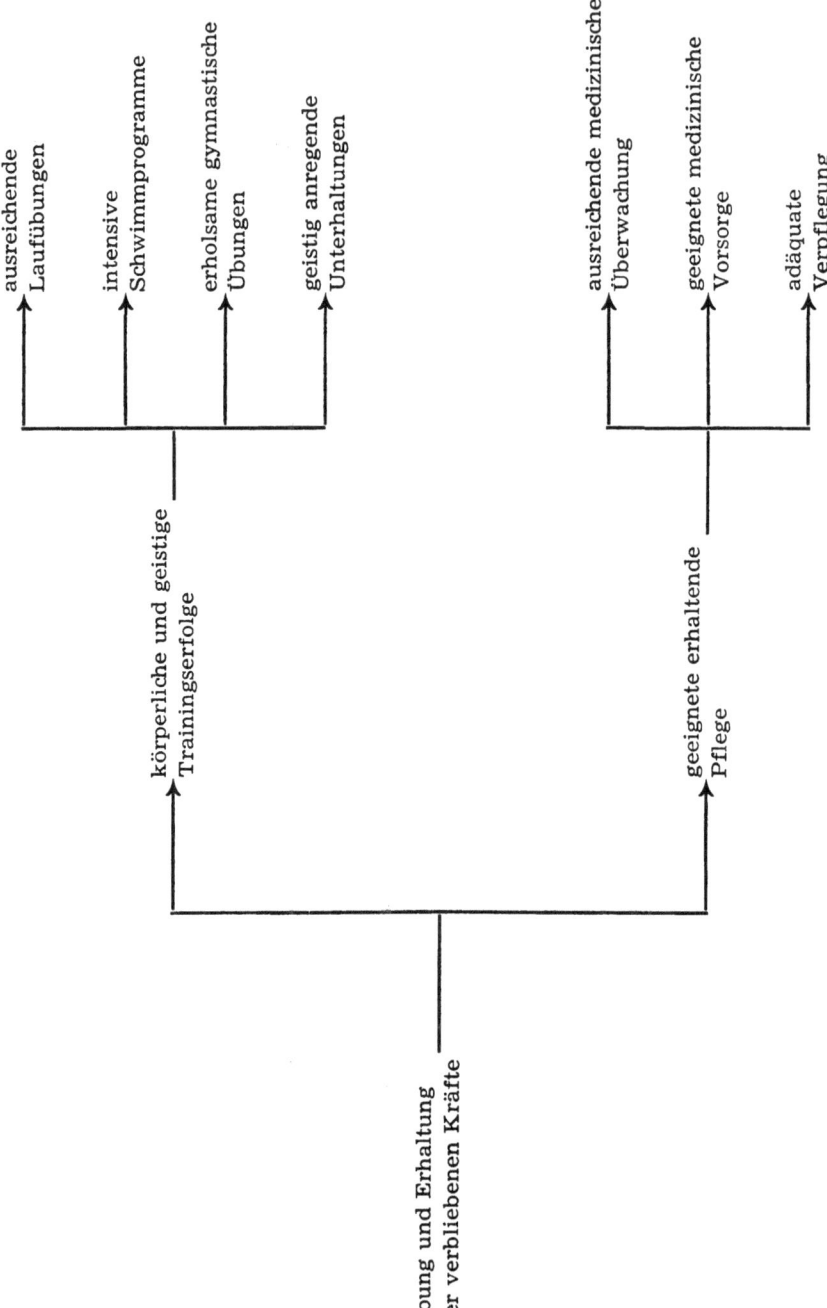

des mittleren Zieles eines körperlichen und geistigen Trainings konkretisieren, das seinerseits zu den unteren Unternehmenszielen ausreichende Laufübungen vorzunehmen, intensive Schwimmprogramme abzuwickeln, erholsame gymnastische Übungen zu absolvieren, für geistig anregende Unterhaltungen zu sorgen, führt (vgl. Abb. 4). Außerdem resultiert aus dem oberen Ziel das Unternehmensziel, geeignete erhaltende Pflege bereitzustellen. Dieses Ziel erfährt eine weitere sachliche Konkretisierung in den Zielen ausreichender medizinischer Überwachung, geeigneter medizinischer Vorsorge und adäquater Verpflegung. Hier werden — wie bei öffentlichen Zielen — häufig unterschiedlich zu messende Leistungen angesprochen, z. B. Arbeitsstunden, Zahl der Visiten usw., die zudem auf der Unternehmensebene schwerlich ohne Mitwirkung der Bereichsmanager quantifiziert werden können.

Bei der *zeitbezogenen Operationalisierung* ergeben sich als Besonderheiten: Anpassungen an Planungsrhythmen, Trägerprogramme, politische Zyklen, Wahlperioden, -termine usw. Im gewählten Beispiel verlaufen die zeitlichen Operationalisierungen in Anlehnung an mittel- und langfristige Bevölkerungsprognosen unter Berücksichtigung der Entwicklung des „Altenanteils" und der durchschnittlichen Lebenserwartungen der Heiminsassen.

Die *raumbezogenen Operationalisierungen* erfordern die Berücksichtigung von Planungsgebieten, Trägergebieten, Wählergebieten und Programmgebieten neben der Beachtung räumlicher Verteilungen von Lieferanten und Kunden. Als Bezugsregion wird für das Pflegeheim ein Stadtgebiet gewählt, wobei man davon ausgeht, daß 2 % der gemäß Altenquote ermittelten alten Menschen als Pflegebedürftige in Frage kommen und diese sich auf die in der betreffenden Stadt vorhandenen Pflegeplätze verteilen. Die nähere Umgebung des Heimes stellt sich als hauptsächliches Einzugsgebiet heraus.

Die *Wirkungsrichtung* ist bei öffentlichen *Zielen* auf andere Wirtschaftseinheiten festgelegt. Die Zielerfüllung schlägt sich deshalb bei anderen Wirtschaftssubjekten nieder. Entsprechende Schwierigkeiten der Identifikation der Auswirkungen und der Zielwerte im Rahmen der *intern- oder externbezogenen Operationalisierung* treten auf. Im vorliegenden Fall sind diese Komplikationen nicht so gravierend, weil sich viele Wirkungen bei den zu Pflegenden niederschlagen, die sich im Pflegeheim selbst befinden.

Konsequenzbezogene Operationalisierungen des Zieles der Kräfteübung und -erhaltung bezieht gesellschaftspolitische Fernentwicklungen in Bezug auf dieses Ziel mit ein. Es schlägt sich hier insbesondere in der Formulierung von Anforderungen über Pflegeplätze und Therapieeinrichtungen nieder.

Die *phasenbezogene Operationalisierung* bedingt, daß das Ziel, verbliebene Kräfte zu üben und zu erhalten, in *Planungsziele* aufgefächert wird, z. B. die gewünschte Anzahl hydraulischer Badewannen für den Ausstattungsplan, angestrebte Stellen für Therapeuten für den Stellenplan oder in Höhe des finanziellen Rückflusses für diese Aktivierungsbemühungen, wie in Altenpflegeheimen bestimmte Planungsverfahren üblich sind oder von ihnen verlangt werden. Bestimmte Operationalisierungen bringt das Antrags- und Förderverfahren bei der Planung des Baues von Altenpflegeheimen mit sich. Dort wird eine Spezifizierung der Zahl der betreuten alten Menschen, des Versorgungsgebietes, des Standortes, der Lage, des Raumprogrammes gefordert und die Höhe der finanziellen Eigenleistung festgelegt.

Beim Erlaß der Heimordnung sowie in Raumvorschriften usw. finden Sonderheiten der Operationalisierung von *Realisierungszielen* ihren Ausdruck. Diese Eigentümlichkeiten hängen mit der Notwendigkeit, Widerstände privater Wirtschaftssubjekte ohne wesentliche Zieländerung zu überwinden, zusammen und sind infolge vorgegebener externer Ziele der Unternehmensträger bedingt. Die Operationalisierung der *Kontrollziele* leidet unter den teilweise fehlenden Kontrollverfahren und -standards für die Erfüllung öffentlicher Unternehmensziele. Da die zu Pflegenden in der Regel das Heim vor ihrem Ableben nicht verlassen, müßten die Manager des Altenpflegeheimes eine hypothetische Entwicklung des Kräfteverfalls der zu pflegenden Heimbewohner mit der tatsächlichen Gesundheitsentwicklung vergleichen, um den Erfolg der Kräfteaktivierung zu messen.

Außerdem werden derartige managementphasenbezogene Operationalisierungen durch rechtliche Vorschriften und Verwaltungstechniken geprägt, z. B. pauschale Genehmigung der Kosten in Zusammenarbeit mit dem Diakonischen Werk und dem Landschaftsverband.

Operationalisierungen bezüglich der *Managementebenen* haben bei öffentlichen Unternehmenszielen zu berücksichtigen, daß infolge flächenmäßig gestreuter Leistungsabgabe, gesetzlich vorgegebener Operationalisierungsverfahren sowie von außen fixierter Zielkonkretisierungen die Operationalisierung häufig auf der mittleren Managementebene geschieht. Für das zur Debatte stehende öffentliche Ziel trifft dieser Sachverhalt ebenfalls zu. Die Auswirkungen von Vorgaben im Rahmen der Förderrichtlinien — wie die Größe der Behandlungsräume — auf ärztliche und therapeutische Operationalisierungen betreffen die mittlere Managementebene.

Die *konzeptionsbezogene Operationalisierung*, d. h. die Herleitung einer Zielordnung, hat sowohl mit der Zielvielfalt als auch mit Problemen der Bestimmung oberer, mittlerer und unterer Ziele zu kämp-

I. Die Operationalisierung der Unternehmensziele 121

fen. Sogar letztere werden mitunter vorgeschrieben. Nicht nur das Zusammenwirken mehrerer Träger erschwert die Festlegung einer Zielordnung, sondern ebenso das Abstimmungserfordernis öffentlicher und privater Ziele (z. B. jene der Belegschaft usw.) sowie der Zwang, vorgegebene Ziele bei der Operationalisierung zu berücksichtigen. Beispielsweise ist eine Orientierung am Ziel der Kräfteübung und des -erhalts als sogenanntes Leitziel nur im Rahmen vieler Festziele möglich, etwa im Hinblick auf die Ausstattung, die Raumgrößen, die Größen der Behandlungsräume, die Bauweise, geforderte Sicherheiten, die obere und untere Bettenzahl, den erwünschten Verbund mit Krankenhäusern, die Darlehenshöhe je Pflegplatz usw. Die Operationalisierung führt zu einem Zielbündel, das aber nicht mehr den Beitrag der Festziele zur Operationalisierung des Leitzieles explizit erkennen läßt.

Die *sprachbezogene Operationalisierung* erfolgt seitens des Management in der Weise, daß häufig jene Begriffe verwendet werden, die bei den Unternehmensträgern und den dort wirkenden Politikern, Verwaltungsfachleuten usw. üblich sind. Deshalb stellt die Operationalisierung beispielsweise auf Termini wie Pflegebedürftige, Pflegeplätze und -sätze ab, die keineswegs zieladäquat für das Leitziel sein müssen.

Bemühungen um *akzeptanzbezogene Operationalisierung* eines Zieles nehmen bei öffentlichen Unternehmen Rücksicht auf die Mitwirkung Privater (z. B. von Kunden, Lieferanten), auf die Dienstauffassung des Personals und auf das Verständnis der Träger sowie der Planungsgremien für das betreffende öffentliche Ziel. Bei manchen Pflegeheimen müssen die Zielformulierungen mit spezifischen Leitbildern, z. B. mit christlichen Zielwertungen, verknüpft werden.

Im Rahmen der *reaktionsbezogenen Operationalisierungen* des Aktivierungsziels werden insbesondere die politischen Reaktionen bei den Trägerverwaltungen, z. B. der Kirchengemeinde, den Verwaltungen anderer Träger wie des Sozialamtes und des Landschaftsverbandes, einbezogen. Darüber hinaus wird auf mögliche Presseäußerungen und Reaktionen der Kapitalgeber (z. B. Zuschußgeber) und jene der Leistungsabnehmer abgestellt.

*c) Operationalisierungserfordernisse
bei unterschiedlichen Managementkonzeptionen*

Die Operationalisierungsergebnisse hängen zudem vom Typ des öffentlichen Unternehmens, seiner rechtlichen Gestalt und von der im Unternehmen vorherrschenden Managementkonzeption ab. Eine solche Konzeption wird u. a. dadurch gekennzeichnet, daß die Ziele auf eine Leitidee ausgerichtet werden. Besteht diese Leitidee darin, eine möglichst stetige Erfüllung gleichmäßig anfallender Unternehmensaufgaben zu erreichen, dann bietet sich das sogenannte *bürokratische Management*[18] an. Im Rahmen einer derartigen Konzeption finden Operationalisierungsprozesse infolge der herrschenden Kompetenzverteilung, vor allen Dingen im Topmanagement, isoliert statt.

Da beim bürokratischen Management nachfolgende Instanzen in erster Linie auf die Realisierung von angewiesenen Aktivitäten ausgerichtet sind und die Kontrollen sich auf Handlungen beziehen, liegt es nahe, die Operationalisierung überhaupt einzuschränken. Unterzieht sich das Topmanagement dennoch den Operationalisierungsbemühungen, so wirken sich teilweise fehlende Informationen und grobe Operationalisierungsvorstellungen ungünstig auf diese Aktivitäten aus. Zielinhalt, Zielerfüllungskriterien und Zielordnung werden manchmal mittels einfachster Indikatoren festgelegt: Zielinterdependenzen übersieht man leicht. Die personen-, zeit-, phasen-, akzeptanz- und reaktionsbezogene Operationalisierung entfällt weitgehend aufgrund des starren organisatorischen Aufbaus mit festgelegten Kompetenzen sowie Planungs- und Realisierungsverfahren. Wegen fehlender Operationalisierung hinsichtlich der Kontrollziele und mangelnder Kenntnis der Operationalisierungsergebnisse muß die Kontrolle der Zielerfüllung meist durch eine Kontrolle der Handlungen ersetzt werden. Der Konkretisierung der Unternehmensziele kommt eine bürokratische Konzeption insoweit entgegen, als diese Operationalisierungen sich praktisch auf die Unternehmensziele beschränken.

Differenzierte Operationalisierungsbemühungen erfordert das *Management by objectives mit Zielvereinbarung*[19]. Seine Leitidee sieht nämlich eine verstärkte Zielorientierung aller Entscheidungen vor.

Von den Unternehmenszielen bis hin zu Zielen für ausführende Tätigkeiten werden Ziele und deren Erfüllungsgrade nach dem Gegenstromprinzip zwischen Topebene und Ausführungsebene im Rahmen eines Vereinbarungs- und Planungsprozesses festgelegt. Die Unternehmensorganisation wird jeweils an die Zielstruktur angepaßt und Zielerreichungskontrollen finden statt. Ein so geführtes öffentliches Unternehmen praktiziert mannigfache Operationalisierungstechniken, wie Zielaushandlungsverfahren, die Anfertigung von Zielbildern, Verfahren der Bestimmung der Kontrollstandards, Methoden der Abweichungsanalyse und der zeitlichen Planung. Infolge des erwähnten Aushandlungsprozesses, bei dem alle Ebenen und Bereiche einbezogen

---

[18] Peter Eichhorn und Peter Friedrich, a.a.O., S. 393 - 408.
[19] Manfred Schlüter, Grundlagen, Probleme und Wirkungen der betrieblichen Zielvereinbarung, Diss. Siegen 1977, Christoph Reichard, Managementkonzeption des Öffentlichen Verwaltungsbetriebes, Berlin 1973, Jürgen Wild, MbO als Führungsmodell für die öffentliche Verwaltung, in: Die Verwaltung, Band 6 (1973), S. 283 - 316.

sind, werden die Unternehmensziele nicht für sich genommen operationalisiert. Eine isolierte Erfolgsrechnung im Sinne einzelner Unternehmensziele ist schwierig. Selbst die Unternehmensführung vermag nicht genau zu prognostizieren, wie ihre „mitbestimmten" Unternehmensziele letztlich ausgeformt werden, selbst wenn es sich um öffentliche Ziele handelt. Zieländerungen erfordern praktisch neuerliche, alle Ebenen einschließende Operationalisierungsbemühungen. Neben den mehr entscheidungsbezogenen Operationalisierungen erlangen sprach-, akzeptanz-, reaktions- und konsequenzbezogene Analysen Bedeutung.

Hier wurde zur Verdeutlichung von Operationalisierungsproblemen in Verbindung mit Managementkonzeptionen auf externe Typen derartiger Konzeptionen zurückgegriffen. Die vielen, bei öffentlichen Unternehmen vorkommenden Mischformen weisen auf die Vielfalt der unterschiedlich anzuwendenden Operationalisierungskriterien hin.

d) Operationalisierungsprobleme infolge der Existenz mehrerer Entscheidungsträger bei öffentlichen Unternehmen

aa) Mehrere Entscheidungsträger und Zieloperationalisierungen

Sowohl innerhalb als auch außerhalb eines öffentlichen Unternehmens existieren häufig mehrere Stellen, die aktiv in Operationalisierungsprozesse eingeschaltet werden. Die Verteilung der *Zielsetzungsbefugnisse* und *Operationalisierungskompetenzen* wirkt sich auf die Operationalisierung aus. Oft gleicht die Zuweisung der Zielsetzungsbefugnisse auf interne und externe Stellen den Operationalisierungskompetenzen für die gesetzten Ziele. Getrennte Zuständigkeiten für Zielsetzung und Operationalisierung kommen ebenfalls vor. Somit können Zielsetzung und Operationalisierung jeweils bei den zielsetzenden Trägern liegen oder in der Weise getrennt sein, daß ein Träger Ziele setzt und ein anderer operationalisiert. Bei den darüber hinaus anzutreffenden Mischfällen setzen die Unternehmen eigene Ziele, die sie selbst operationalisieren, und sie erhalten schon operationalisierte oder noch nicht operationalisierte Ziele vorgegeben, z. B. bei Nahverkehrsbetrieben bezüglich der Ziele der Stadtentwicklung. Diese Kompetenztrennungen führen zu *Operationalisierungsschwierigkeiten:*

— wenn ein externer Entscheidungsträger ohne die Kenntnis der Operationalisierungserfordernisse des öffentlichen Unternehmens ungeeignet operationalisierte Vorgaben mittels inadäquater Zielmedien, wie Einwohnerzahlen, Bettenverteilungen usw., vorgibt;

— falls ein externer Träger ohne Kenntnis der Operationalisierungsweise des öffentlichen Unternehmens operationalisierte Ziele setzt. (Dann besteht nämlich die Gefahr, daß dieses Ziel nicht im Sinne der externen Stelle konkretisiert wird);

— soweit Zielsetzungsprozesse nebeneinander laufen und Operationalisierungen mittels unterschiedlicher Verfahren erfolgen. (Unvereinbare Ergebnisse mögen sich einstellen, die selbst zwischen eigentlich harmonisierenden Zielen zu Zielkonflikten führen).

Außerdem treten Komplikationen auf, da infolge der Zuständigkeitsaufteilung verstärkt sprachbezogene, akzeptanz- sowie reaktionsbezogene Operationalisierungen stattfinden werden. Das Ausweichen in inexakte Formulierungen, die Abänderung des eigentlichen Unternehmensauftrages und erschwerte Prognosen möglicher Operationalisierungsergebnisse sind zu erwarten.

Die Anwendung mancher quantitativer Operationalisierungsverfahren, z. B. bei der sachbezogenen und konzeptionsbezogenen Operationalisierung, wird zudem erschwert, weil seitens der öffentlichen Unternehmen wenig Zwangsmöglichkeiten bestehen, eine solche Zielformulierung des Zielsetzungspartners zu erreichen, die beispielsweise einem zu benutzenden Gewichtungssystem angepaßt ist. Mit derartigen Problemen sehen sich die *Großunternehmen des Bundes* konfrontiert, die mit den Verwaltungen vieler Länder, Kreise und Gemeinden, mit Zweckverbänden und mit privaten Großunternehmen in Planungen auf Bundes- und regionaler Ebene zusammenarbeiten müssen (z. B. Raumplanungen, Bebauungspläne).

Manchmal wird zur Umgehung dieser Operationalisierungsschwierigkeiten empfohlen, die Abstimmungsbemühungen der Entscheidungsträger in Gremien zu verlegen.

bb) Operationalisierungsprobleme bei der Einschaltung von Gremien

Operationalisierungsbemühungen in Gremien tendieren, wenn nicht umfangreiche Stäbe zur Verfügung stehen, dazu, *qualitative* gegenüber den *quantitativen Operationalisierungsverfahren* vorzuziehen. Neben Zielfindungsaktivitäten gewinnen verhandlungsbezogene Operationalisierungen an Gewicht.

Die Operationalisierung hängt nun beträchtlich von den in den jeweiligen Gremien üblichen *Entscheidungs- und Verhandlungsverfahren*, z. B. von Mehrheitsentscheidungen, ab[20]. Im Falle des Auftretens des sogenannten „Wahlparadoxons" würde das Operationalisierungsergebnis sogar von der Reihenfolge der zur Abstimmung gestellten

---

[20] Benjamin Ward, Majority Voting and Alternative Forms of Public Enterprise, in: The Public Economy of Urban Communities, Papers presented at the second Conference on Urban Public Expenditures held February 21 - 22, 1964, under the sponsorship of the Committee on Urban Economics of Resources for the Future, Inc., edited by J. Margolis, Washington 1965, S. 112 - 126.

I. Die Operationalisierung der Unternehmensziele

Anträge über die Formulierung eines Zieles oder die Rangfolge von Zielen abhängen. Aus Gründen der Verhandlungstaktik werden Zielauswahl und eigentliche Operationalisierung häufig nicht getrennt, da sonst die Implikationen einer Zielsetzung oder ihrer Ausformung allen Gremienmitgliedern allzu deutlich werden. Fehlende Operationalisierung kann mitunter eine Einigung der Gremienmitglieder erleichtern, oder man verzichtet sogar auf Zielsetzungen und einigt sich lediglich auf Handlungen, damit die Beteiligten ihre Ziele nicht aufzudecken brauchen. Die Gefahr, daß Ziele reaktionsbezogen operationalisiert werden, liegt nahe, und die Möglichkeit der Offenlegung falscher Präferenzen darf nicht ausgeschlossen werden. Sind nicht alle Mitglieder mit der Verfolgung des Zieles einverstanden, das operationalisiert werden soll, dann drängen u. U. einige Gruppenmitglieder auf eine Operationalisierung im Sinne eines anderen Zieles. Ungeklärt bleibt dann, welches Ziel eigentlich formuliert worden ist. Um Verhandlungsergebnisse nicht zu gefährden, wird man Zielinvarianzen in Kauf nehmen.

Der Kenntnisstand der *beteiligten* Personen, ihr Engagement und eine gleichbleibende personelle Zusammensetzung der Gremien wirkt auf die Zielausformung ein. Bei entsprechender Gremienzusammensetzung leiden Operationalisierungen unter andersartigen Wettbewerbsverhältnissen (z. B. bei der Mitbestimmung seitens der Konkurrenten des öffentlichen Unternehmens) und politischen Konflikten der Beteiligten, Träger und Interessenten.

cc) Der indirekte Einfluß von Entscheidungsträgern der Umwelt auf die Operationalisierung

Viele öffentliche Unternehmen verfolgen ihre öffentlichen Ziele, indem sie *zieladäquate Konditionen* beim freiwilligen Verkauf und freiwilligen Einkauf von Gütern und Dienstleistungen bieten. Da außerdem auf Kapitalmarktfinanzierung zurückgegriffen wird, nehmen Finanziers, Lieferanten und Abnehmer indirekt Einfluß auf die Operationalisierungen. Im Extrem ist gar nicht mehr feststellbar, ob das öffentliche Unternehmensziel oder ein privates Ziel unter Benutzung des Sprachmediums des öffentlichen Zieles operationalisiert worden ist. Andere *indirekte Beteiligungen* an diesen Zielformulierungen ergeben sich, wenn Dritte Einfluß auf Träger nehmen, die dann ihrerseits in den Operationalisierungsprozeß eingreifen.

Sowohl externe Träger, Prozesse in Gremien als auch Umwelteinflüsse wirken sich bei großen öffentlichen Unternehmen, wie etwa Konzernen oder Großunternehmen (z. B. Bundesbahn oder -post) auf die Zieloperationalisierungen aus.

e) Zieloperationalisierung und Rechnungswesen

Mittels der Schulung von Managern, organisatorischer Vorkehrungen und der Entwicklung weiterer Operationalisierungsverfahren ließen sich manche Schwierigkeiten mildern, so daß man angesichts der Vorteile, die naturgemäß eine gute Erfüllung der Funktionen der Ziele mit sich bringt, auch die zusätzlichen Planungskosten in Kauf nehmen mag. Jedoch bildet die *Kontrolle der Zielerfüllung* eine der Voraussetzungen zur Unternehmenssteuerung mit Hilfe von Zielen.

Aber auch hier sieht man sich mit Problemen konfrontiert:

— die Operationalisierungen hinsichtlich der Verhandlungsführung vermindern die Kontrollierbarkeit der Zielerfüllung,

— die Zielerfüllung liegt häufig bei externen Wirtschaftssubjekten,

— Einzelkontrollen sind bei Unternehmenszielen selten und

— es fehlt ein ständig vorhandenes Rechenwerk, das die Erfolge im Sinne operationalisierter öffentlicher Unternehmensziele ausweist.

Für jedes operationalisierte Unternehmensziel müßte ein *eigenes Rechenwerk* zur Verfügung stehen, das bei Änderung der operationalisierten Ziele Umgestaltungen erfahren müßte. Geschieht dies nicht, so erhält man entweder eine unzureichende Operationalisierung, die vornehmlich auf die verfügbaren Rechnungsgrößen abgestellt wird, oder keinen adäquaten Erfolgsnachweis.

Eine *andere Form der rechnerischen Erfassung* der Zielerfüllung bestünde darin, die Ziele zwar zu operationalisieren, aber zu versuchen, die Auswirkungen auf den Erfolgsnachweis (z. B. Gewinn, Kosten, Umsatz) im Rahmen des herkömmlichen Rechnungswesens öffentlicher Unternehmen zu schätzen, oder auf einen anderen allgemeinen Indikator, z. B. Zeitgrößen, zurückzugreifen. Allerdings läßt sich ex-post schwerlich feststellen, inwieweit Bewegungen eines solchen Indikators tatsächlich auf den Grad der Erfüllung des operationalisierten Zieles zurückzuführen sind.

Einen Ausweg, der teilweise im Rahmen des Managements by objectives und in der Praxis eingeschlagen wird, bildet die Kontrolle von Aktionen und von Faktoreinsätzen, die zur Verfolgung eines Zieles notwendig erscheinen. Der Rückgriff auf die *Kontrolle dieser Aktivitäten* anstelle der Kontrolle der Zielerfüllung führt wieder zum Ausgangspunkt der Untersuchungen zurück (vgl. Abb. 1). Es bietet sich nämlich an, den Unternehmensauftrag nicht hinsichtlich der Ziele zu konkretisieren, sondern sofort eine Konkretisierung der Aktivitäten — wie schon angedeutet — in Angriff zu nehmen, wobei die Ziele zwar implizit, aber nicht operationalisiert Berücksichtigung finden. Dann sind die Aktivitäten in ihrer Gesamtheit zu beurteilen. Dies mag mit Hilfe des üblichen Rechnungswesens — eventuell ergänzt um monetäre zusätzliche soziale Erfolgsrechnungen, die nicht auf einzelne Ziele abstellen[21] — erfolgen.

Insgesamt gesehen bleibt ein *grundlegendes Dilemma* bestehen: Operationalisiert man erfolgreich die Ziele, so fehlt die adäquate Kontrollmöglichkeit — werden andererseits Aktivitäten in den Mittelpunkt gestellt, dann ist man nicht sicher, ob man im Sinne der Ziele des Unternehmensauftrages handelt.

3. Kritische Würdigung

Die *Chancen der Operationalisierung* der Unternehmensziele scheinen gering. Wie gezeigt, ergeben sich infolge

— uneinheitlicher Operationalisierungsdefinitionen,
— der vielen Funktionen der Ziele,
— der unterschiedlichen Operationalisierungskriterien,
— der nicht ausreichenden Operationalisierungstechniken,
— der Schwierigkeiten der Operationalisierungen öffentlicher Ziele und
— der Existenz differierender Managmentkonzeptionen sowie mehrerer Entscheidungsträger

beträchtliche Operationalisierungsprobleme. Jedoch sollte man daraus nicht den Schluß ziehen, Operationalisierungsbemühungen seien generell für die Unternehmensziele öffentlicher Unternehmen abzulehnen. Die Operationalisierung der gesamten *Zielkonzeption* einer Unternehmung dürfte fehlschlagen. Hingegen mag die Entwicklung eines Leitbildes für die Unternehmenstätigkeit im Wege der Interpretation der Zielvorstellungen des Unternehmensauftrages Vorteile im Sinne der Erfüllung einiger Unternehmensziele mit sich bringen.

Für *große Projekte*, bei denen die Aktivitäten und Wirkungen noch überschaubar bleiben, nur wenige öffentliche Unternehmensziele tangiert werden und die Zahl der zur Operationalisierung erforderlichen Entscheidungsträger klein ausfällt, könnte durchaus ein angemessener Operationalisierungsrahmen gegeben sein. Die zur Verfügung stehenden Operationalisierungstechniken lassen sich bei derartigen Bedingungskonstellationen vergleichsweise leicht anwenden und Erfolge relativ gut kontrollieren.

---

[21] Peter Eichhorn, Gesellschaftsbezogene Unternehmensrechnung, Schriften der Kommission für wirtschaftlichen und sozialen Wandel, Band 30, Göttingen 1974.

II. Unselbständige oder verselbständigte Organisationsformen?

Von Wolfgang Vaerst*

„Unselbständige oder verselbständigte Organisationsformen?" lautet mein Thema, und ich darf es wohl gleich in Übereinstimmung mit dem Gesamtthema dieser Tagung durch den Zusatz ergänzen und eingrenzen „bei der Führung öffentlicher Unternehmen".

Wenn hierzu mit mir ein Mann der Praxis zu Wort kommt, so erwarten Sie sicher nicht abstrakte organisationstheoretische Ausführungen, für die es in diesem Kreise und anderswo Kompetentere gibt. Vielmehr glaube ich in Ihrem Sinne zu handeln, wenn ich praxisnah einige Führungsprobleme anspreche, die sich heute in großen nichtindustriellen öffentlichen Unternehmen stellen. Sie werden es mir wohl nachsehen, daß ich dabei die Bundesbahn immer wieder als Beispiel und gewissermaßen Prototyp für die eine oder andere Entwicklung anführe. Aber ein solches induktives Vorgehen dient nicht nur der besseren Veranschaulichung, sondern es hat auch den Vorzug, daß ich hiervon — in aller Bescheidenheit vermerkt — am meisten zu verstehen glaube.

Sie haben, meine Damen und Herren, in den vorangegangenen Vorträgen insbesondere der Herren Professoren Oettle und Potthoff sowie von Herrn Minister Gscheidle Aussagen zum Auftrag der öffentlichen Unternehmen allgemein sowie von Bahn und Post im besonderen gehört. Damit ist bereits eine ganz wesentliche Grundlegung auch zu meinem Thema gegeben, denn die Organisationsform jedes öffentlichen Unternehmens kann ja wohl nur die unmittelbar aus dem Auftrag an das Unternehmen abgeleitete, ausschließlich auf dessen optimale Erfüllung ausgerichtete Zusammenfassung aller organisatorischen Einzelkomponenten sein, und zwar sowohl dem öffentlichen Träger gegenüber, innerbetrieblich und nach außen. Freilich kann kein Zweifel daran bestehen, daß diese theoretisch unbestreitbare Forderung nach der Auftrags- und Zieladäquanz der Organisationsform öffentlicher Unternehmen in ihrer praktischen Konsequenz erheblichen Schwierigkeiten begegnet.

---

* Wegen Verhinderung des Verfassers vorgetragen von Hans Hermann Reschke, Mitglied des Vorstands der Deutschen Bundesbahn, Frankfurt am Main.

II. Unselbständige oder verselbständigte Organisationsformen?

Sieht man mit einer verbreiteten Meinung in der Literatur (vgl. etwa Witte, Die öffentliche Unternehmung im Interessenkonflikt) die Entstehung der öffentlichen Unternehmen — von bewußter Sozialisierung und historischen Zufällen abgesehen — als *Emanzipationsprozeß* von Teilen der Verwaltung, so stand und steht dahinter die Zielsetzung, bestimmte Leistungen schneller, billiger und besser durch Betriebe zu erbringen, die gegenüber der Verwaltung verselbständigt waren, ein Denkansatz, der heute in der teilweise euphorischen Privatisierungsdiskusion wieder aktuell ist. Je nach dem Grad des an der Leistung bestehenden öffentlichen Interesses begnügte man sich dabei mit dem klassischen *Regiebetrieb* als schwächster Form der Verselbständigung oder man schuf tatsächlich weitgehend ungebundene Unternehmungen, die eigentlich nur noch deshalb „öffentliche" Unternehmungen waren, weil das Eigenkapital ganz oder mehrheitlich von einem Träger öffentlicher Verwaltung gehalten wurde.

Ich möchte hier jetzt nicht die Eisenbahnhistorie ausbreiten, glaube aber doch sagen zu können, daß gerade die unterschiedlichen Emanzipationsformen der Eisenbahnen gegenüber der jeweiligen staatlichen Verwaltung besonders geeignet sind, diese Überlegung zu stützen. Sieht man einmal vom Beginn des Eisenbahnzeitalters ab, wo die öffentliche Hand zur Vermeidung jeglichen wirtschaftlichen Risikos den Eisenbahnbetrieb Konzessionären überließ und sich auf eine Reihe von Auflagen im öffentlichen Interesse beschränkte, so haben die deutschen Eisenbahnen nach der Verstaatlichungswelle der Zeit ab 1871 so ziemlich alle denkbaren Formen von der vollen Einbindung in die allgemeine staatliche Verwaltung unter unmittelbarer Leitung eines Eisenbahn- oder Verkehrsministers bis hin zur gesellschaftsrechtlichen Lösung etwa bei der deutschen Reichsbahngesellschaft in der Zeit von 1924 - 1937 durchlaufen. Dabei kann es hier auf sich beruhen, ob man diese Reichsbahngesellschaft — als reine Betriebsgesellschaft — mit der damals herrschenden Meinung mehr dem öffentlichen Recht oder mehr dem privaten Recht zuordnet.

Nach der Phase der totalen — vor allem wohl kriegswirtschaftlich bedingten — Rückgliederung der Reichsbahn in die Verkehrsverwaltung des Reiches und der damit gegebenen unbeschränkten Durchgriffsmöglichkeit des Reiches im gesamten Eisenbahnsektor begann mit dem Bundesbahngesetz (BbG) von 1951 eine neue Periode begrenzter Verselbständigung der Bahn gegenüber ihrem Eigentümer.

Dieses auf der verfassungsrechtlichen Grundlage der Art. 73 und 87 GG beruhende Statusgesetz für die Bundesbahn enthebt eben durch die unmittelbare gesetzliche Normierung der Mühe, Fragen zu klären, die für die Wissenschaft bei zahlreichen anderen öffentlichen Unternehmen durchaus noch genügend Stoff zur theoretischen Durchdringung bieten.

So ist eben durch das BbG in Verbindung mit den genannten Artikeln des Grundgesetzes geklärt, daß die DB ein öffentliches Unternehmen im Eigentum des Bundes in der Rechtsform einer teilrechtfähigen Anstalt des öffentlichen Rechts mit einem in § 28 BbG umrissenen Auftrag ist, ohne daß es hier beispielsweise auf Typisierungsprobleme ankommt oder sich die Frage nach der Geltung eines formellen oder materiellen Unternehmensbegriffs zur Abgrenzung von anderen Institutionen im Bereich der öffentlichen Hand oder auch der Privatwirtschaft stellt.

Der Klassifizierung der Bahn wie im übrigen auch der Post als Unternehmen steht dabei keineswegs entgegen, daß Bahn und Post gleichzeitig als bundeseigene Verwaltungen mit eigenem Unterbau (Art. 87 GG) geführt werden, wie Püttner in seiner Monographie über „Die öffentlichen Unternehmungen" zu Recht betont.

Ich kann es mir in diesem Kreise versagen, Grundsachverhalte zum exogen vorgegebenen organisatorischen und finanziell-vermögensrechtlichen Grundstatus der DB im Verhältnis zum Eigentümer Bund darzustellen. Hervorheben darf ich in aller Kürze bloß *drei Aspekte*, die mir unter dem Gesichtspunkt der Verselbständigung der Organisation besonders bedeutsam erscheinen:

Zum einen die im BbG fixierte grundsätzliche Trennung zwischen der den Organen der DB vorbehaltenen *Leitung* (§ 9 BbG) der DB und der dem Eigentümer obliegenden *Aufsicht* (§ 14 BbG).

Der Gesetzgeber hat damit an beste deutsche Eisenbahntradition angeknüpft und eine der wesentlichen Ausgangspositionen für verantwortliches unternehmerisches Handeln des Bundesunternehmens DB geschaffen. Die Diskussion um die Unternehmensverfassung der Bundespost, die ja bereits bis zur Einbringung eines entsprechenden Gesetzentwurfs führte, aber auch ein Blick über den Zaun zu anderen europäischen Eisenbahn- und Postverwaltungen zeigen, daß auch heute diese Trennung von Leitung und Aufsicht über öffentliche Unternehmen keineswegs selbstverständlich ist, obwohl mir diese Erscheinungsform der Verselbständigung als ein Essentiale und gleichzeitig als Minimallösung für öffentliche Unternehmen erscheint.

Daß gegenüber dieser Grundsatzregelung im BbG die konkrete Ausgestaltung des keineswegs auf die Rechtsaufsicht beschränkten Aufsichtsrechts des Bundesministers für Verkehr nach § 14 BbG und seine weiteren Einflußmöglichkeiten etwa nach §§ 15 und 16 BbG sicher in dem einen oder anderen Punkt überdacht werden könnten, ist bei einem Gesetz aus der Frühzeit der Bundesrepublik nicht erstaunlich.

II. Unselbständige oder verselbständigte Organisationsformen? 131

Sie werden aber verstehen, daß ich mich hier an die bestehende Rechtslage halte und hinsichtlich der legitimen Einflußnahme des Bundes auf seine Unternehmen Gesichtspunkte de lege ferenda zur gegebenen Zeit zuerst dort vortragen möchte, wo die parlamentarische Verantwortung für die DB getragen wird.

Dies gilt in gleicher Weise für den *Auftrag* des Gesetzgebers an die DB, einem weiteren Ansatzpunkt für die organisatorische Verselbständigung, der sich ursprünglich in einem gleichberechtigten und bei der gegebenen Wettbewerbssituation unvereinbarem Nebeneinander von gemeinwirtschaftlicher und eigenwirtschaftlicher Zielsetzung (§ 4 BbG alter Fassung) darstellte und seit 1961 seinen Ausdruck in § 28 BbG neuer Fassung findet. Unabhängig davon, ob man in dieser Bestimmung eine ausreichende Vorgabe von Unternehmenszielen für die DB erblickt oder nicht — der in der jüngsten Regierungserklärung des Bundeskanzlers angekündigte Leistungsauftrag für die DB deutet eher auf die zweite Alternative hin —, so viel steht jedenfalls fest: Die vom Gesetz vorgeschriebene Führung der DB als Wirtschaftsunternehmen nach kaufmännischen Grundsätzen läßt unbeschadet ihrer Einbettung in die Bundesverwaltung einen beachtlichen Spielraum zur Praktizierung anerkannter Methoden der privatwirtschaftlichen Unternehmensführung, vor allem im *Bereich der Organisation*. Ich werde hierauf noch zu sprechen kommen.

Freilich glaube ich nicht, daß die geltende Verfassungs- und Gesetzeslage hinsichtlich des Organisationsstatus der DB wie auch anderer bundeseigener Verwaltungen lediglich die Funktion einer Verwaltungskompetenzabgrenzung zwischen Bund und Ländern hat, wie dies teilweise (vgl. z. B. Püttner a.a.O., S. 137 ff.) vertreten wird, wobei hieraus die Folgerung abgeleitet wird, die DB könne heute schon ohne Verfassungsänderung als Ganzes in der Form der Aktiengesellschaft geführt werden.

Nur ganz kurz angesprochen sei noch — bevor ich mich dem internen Organisationsbereich öffentlicher Unternehmen zuwende — der *haushaltsrechtliche Aspekt des Art. 110 GG* als Ausdruck begrenzter finanzieller Verselbständigung der „Bundesbetriebe und Sondervermögen". Unter Verzicht auf das haushaltsrechtliche Bruttoprinzip, also die Einstellung aller Einnahmen und Ausgaben, läßt er die Einstellung lediglich der Zuführungen und Ablieferungen, also saldierter Endergebnisse in den Haushaltsplan genügen.

Diese im Zuge der Haushaltsreform von 1969 entstandene Formulierung, die auf entsprechenden früheren, jedoch von der Terminologie her weniger eindeutigen Regelungen beruht, ist für Bahn, Post und alle anderen Bundesunternehmen, denen keine eigene Rechtspersönlichkeit zukommt, freilich durch sondergesetzliche Regelungen abgesichert, die zumindest mittelbar die parlamentarische Kontrolle wieder herstellen. Dem zuständigen, seinerseits parlamentarisch verantwortlichen Minister obliegt nämlich die Genehmigung des jährlich aufzustellenden Wirtschaftsplanes. Gleichwohl sollte man die praktische Bedeutung dieser haushaltsrechtlichen Bestimmung nicht unterschätzen, markiert sie doch den Anfang einer Herauslösung der Bundesunternehmen aus etatistisch-kameralistischen Zwängen.

Überlegungen zur Verselbständigung öffentlicher Unternehmen gegenüber dem jeweiligen Eigentümer oder dem zuständigen Träger öffentlicher Verwaltung müssen sich zwangsläufig an der rechtlichen Ausgangsposition orientieren.

Ich bitte daher um Verständnis, wenn ich insoweit im wesentlichen auf die extern der DB vorgegebene Organisationsstruktur abgestellt habe, die hier wie auch bei anderen nichtindustriellen Unternehmen des Bundes lediglich zur Disposition des Gesetzgebers steht und damit der Organisationsgewalt des Unternehmens selbst weitestgehend entzogen ist. Die im Thema liegende Frage der Unselbständigkeit oder der Verselbständigung von Organisationsstrukturen stellt sich daher von vornherein in wirklich umfassendem Sinne auch nur für den Gesetzgeber.

Gleichwohl bleibt ein Freiraum, und gerade die Bundesbahn, die zudem nur im Ausnahmefall einmal die Bürde hoheitlichen Handelns tragen muß, ist ein Beispiel dafür, wie innerhalb vorgegebener Festpunkte Organisations- und Führungsstrukturen verwirklicht werden können, die echte Alternativen zu überkommenen Formen darstellen.

Vorausschicken darf ich, daß die heutige interne Organisation der DB in ihren Grundlagen noch von der Verwaltungsordnung der Preußischen Staatsbahnen geprägt ist, somit also

— vertikal durch die Gliederung in 4 Ebenen von der Hauptverwaltung über die Mittelinstanz mit ihren zentralen Stellen und den Bundesbahndirektionen bis zu den Generalvertretungen, Ämtern und Dienststellen des Außendienstes,

— horizontal durch die Aufteilung des gesamten Aufgabenspektrums nach fachlichen und regionalen Gesichtspunkten sowohl alternativ als auch kumulativ.

Parallelen zur Aufbauorganisation der Bundespost beispielsweise bestehen insoweit natürlich. Im Hinblick auf die ministerielle Leitung der Post und die andersartige Leistungsstruktur weist sie jedoch bekanntlich nur einen dreistufigen Aufbau auf.

II. Unselbständige oder verselbständigte Organisationsformen? 133

Wesentlich für die Bahn ist nun die Tatsache, daß ihre innere Organisation — von der eingangs skizzierten normativen Regelung ihrer Unternehmensverfassung abgesehen — im Prinzip ihrer eigenen Organisationsgewalt unterliegt, wobei dem Bundesminister für Verkehr allerdings vom Gesetz ein Genehmigungsvorbehalt für größere organisatorische Änderungen eingeräumt ist. Mit dieser Regelungsfreiheit ist für die Leitungsorgane der DB überhaupt erst die Grundlage geschaffen, in den Alternativen „Verselbständigung von Organisationsformen ja oder nein" denken und handeln zu können.

An drei Problemkreisen darf ich unsere Überlegungen kurz darstellen, nämlich unter den Aspekten

— der Dezentralisation,

— der funktionsbezogenen Bildung von Unternehmensbereichen und

— der organisatorischen Verselbständigung von peripheren Unternehmenseinheiten.

Dabei gehe ich davon aus, daß diese drei Gesichtspunkte letztlich nur graduell verschiedene Formen organisatorischer Verselbständigung bilden. Darüber hinaus wird sich zeigen, weshalb wir diese Verselbständigung im weitesten Sinne überhaupt als erstrebenswert ansehen.

Zentralisation und *Dezentralisation* im Sinne der Aufgabenverteilung im Rahmen des organisatorischen Aufbaues einer Unternehmung hat schon der Altmeister der Organisationslehre, Erich Kosiol, als Kernproblem der Aufbauorganisation bezeichnet und ist den denkbaren Zuordnungs- und Verteilungsgesichtspunkten mit Akribie nachgegangen. Ich will dieses weite Feld den Experten nicht streitig machen, sondern nur hervorheben, daß bei allen Organisationsmaßnahmen dieser Art selbstverständlich die Entscheidung für die Zentralisation nach einem bestimmten Merkmal gleichzeitig stets die Dezentralisation nach den übrigen Merkmalen bedeutet, es mithin also um ein fundamentales Gleichgewichtsproblem im Unternehmen geht.

Zwangsläufiges Ergebnis jeder Dezentralisierung ist schließlich — als besondere Erscheinungsform organisatorischer Verselbständigung — die *Delegation* von Aufgaben, Kompetenzen und Verantwortung unter dem Gesichtspunkt einer Stärkung der Eigenverantwortlichkeit aller Ebenen und Organisationseinheiten des Unternehmens im Sinne echter unternehmerischer Betätigung.

Vor diesem Hintergrund hat sich in den letzten Jahren bis hin zur Gegenwart die organisatorische Entwicklung der DB vollzogen.

Nicht chronologisch, sondern von der Spitze des Unternehmens DB her darf ich vielleicht einige Schlaglichter setzen.

Jedes abgestufte System, jede Hierarchie, birgt die Gefahr unerwünschter Konzentration und damit der Einschränkung der Bewegungsfreiheit und Verantwortungsfreudigkeit nachgeordneter Ebenen in sich. Schon Ernst Forsthoff (Ernst Forsthoff, a.a.O., S. 464) hat hierauf deutlich hingewiesen.

Hand in Hand damit geht regelmäßig das, was man gelegentlich etwas salopp als „Herzinfarkt-Organisation" in Unternehmensspitzen bezeichnet.

Die DB hat daher seit 1970 in aller Konsequenz in einem — wie ich meine — ausgewogenen Verhältnis

— unter funktionalen und regionalen Gesichtspunkten auf der Ebene der Mittelinstanz konzentriert

— nach Schaffung dieser Voraussetzung und in Abstimmung hiermit durch eine klare Dezentralisation und Delegation von der Unternehmensspitze nach unten Aufgaben verlagert.

Unter diesen Aspekten sehen wir — ohne Sie hier mit Details belasten zu wollen — die 1970 und 1971 aus der Zusammenfassung weitgehend dekonzentrierter Aufgaben entstandenen neuen zentralen Stellen für den Verkauf und den Transport, nämlich die Zentrale Verkaufsleitung in Frankfurt (Main) und die Zentrale Transportleitung in Mainz sowie die Verringerung der Anzahl unserer Direktionen von 16 auf 10.

Erst die Konzentration in der Mittelinstanz schuf unterhalb der HVB im funktionalen Bereich die Organisationseinheiten, die eine spürbare Entlastung der Unternehmensspitze von Aufgaben des Tagesgeschäfts zugunsten der eigentlichen Führungsaufgaben ermöglichten.

Wir sind zur Zeit dabei, diesen Prozeß weiterzuführen, indem wir durch Konzentration im Dienststellenbereich, also auf der untersten Unternehmensebene, wesentlich leistungsfähigere Dienststellen schaffen und diese dann in vollem Umfang in die Kette der Dezentralisation und Delegation einbeziehen. Diese Maßnahme ermöglicht es uns darüber hinaus, in absehbarer Zeit auf die jetzt noch bestehenden Ämter als besondere Instanz zu verzichten und damit die Organisationspyramide der DB abzuflachen.

Lassen Sie mich nun zu dem zweiten von mir angesprochenen Punkt kommen, die *funktionsbezogene Bildung von Unternehmensbereichen*.

Die moderne Organisationslehre bietet ein ganzes Sortiment von Strukturprinzipien gerade für Großunternehmen mit ausgeprägter vertikaler und horizontaler Gliederung sowie weitgefächerter territorialer Präsenz an, die aber — verzichtet man einmal auf schmückendes Beiwerk und wohlklingende Bezeichnungen — alle mehr oder minder

II. Unselbständige oder verselbständigte Organisationsformen?

auf die Verselbständigung von Bereichen nach funktionalen, produkt- oder objektorientierten Kriterien hinauslaufen. Aktuelle Reorganisationsbeispiele im industriellen Bereich wie beispielsweise die Farbwerke Hoechst oder die Siemens AG, um nur zwei zu nennen, zeigen gleichzeitig, in welch unterschiedlichen organisatorischen und auch rechtlichen Formen dies möglich ist und wie sich letztlich bei allem Respekt vor organisationstheoretischen Überlegungen und Forderungen jedes Unternehmen unter Berücksichtigung seiner Besonderheiten selbst den Anzug geschneidert hat, den es nun trägt. Dies muß erst recht, meine ich, für ein öffentliches Unternehmen wie die Bundesbahn mit all seinen spezifischen Merkmalen insbesondere hinsichtlich der Verbundproduktion gelten.

Wir können und werden keine lupenreine Organisation von irgendeinem Reißbrett übernehmen, sondern gerade auch unter dem Gesichtspunkt der organisatorischen Verselbständigung unseren eigenen Weg gehen. Dabei ist die bereits angesprochene Dezentralisation mit weitgehender Delegation eine Komponente, die Bildung von funktions- oder objektbezogenen, erfolgsverantwortlichen Unternehmensbereichen die andere. Wir stehen insoweit in vollem Einklang mit einer entsprechenden von uns mitentwickelten und mitgetragenen Zielvorgabe des Bundesministers für Verkehr.

Der Ansatz für die Verwirklichung dieser Zielsetzung und damit letztlich die Öffnung des gesamten Unternehmens für den profit-center-Gedanken liegt für uns in der Schaffung von funktions- und objektorientierten, vertikal auf alle derzeit noch vorhandenen Instanzen und Ebenen übergreifenden *Unternehmenssäulen* bei weitgehender Durchsetzung des *Einliniensystems*. Horizontal muß dieser organisatorischen Verselbständigung von Unternehmensbereichen ein Quasi-Auftragnehmer/Auftraggeber-Verhältnis im Leistungsaustausch entsprechen.

Die Kernfrage ist für uns natürlich die Abgrenzungsfrage und ich möchte keinen Hehl daraus machen, daß wir hier noch nicht den Stein der Weisen gefunden haben. Soviel allerdings steht für uns fest: Die Unternehmenssäule „Absatz und Produktion" wird die zentrale Komponente sein, die wegen der Interdependenz unserer Produktstruktur im Grundsatz keine weitere Aufgliederung zuläßt.

Ihr gegenüber kommt allen anderen Unternehmensbereichen nur Hilfsfunktion zu, ausgerichtet am unternehmerischen Gesamtziel. Daß das innerbetriebliche Rechnungswesen das notwendige Instrumentarium bereitstellen muß, um diese organisatorischen Sachverhalte vor allem in der Kosten-Leistungsrechnung sichtbar werden zu lassen, versteht sich. Die DB ist dabei, hierfür die Voraussetzungen zu schaffen.

Ich habe bis jetzt von Verselbständigung bewußt nur in dem Sinne gesprochen, daß ungeachtet struktureller und budgetmäßiger Verselbständigung letztlich alle Aktivitäten des Unternehmens noch unter einem und demselben Dach verbleiben. An dieser Prämisse halten wir auch unabdingbar fest, soweit es sich um die Kernbereiche des Eisenbahngeschehens handelt, das sich ja keineswegs nur auf der Schiene abwickelt. Den verfassungsrechtlichen Aspekt der Führung der DB als bundeseigene Verwaltung und die daraus resultierenden Grenzen einer organisatorischen Verselbständigung hatte ich insoweit bereits angesprochen.

Dies schließt freilich nicht aus, daß bestimmte *periphere* und klar abgrenzbare *Tätigkeiten* sowohl organisatorisch wie auch rechtlich *ausgegliedert werden*. Die zahlreichen Beteiligungen der DB zeigen, daß dies kein neuer Gedanke ist. Töchter der DB wie beispielsweise die Deutsche Schlafwagen- und Speisewagen-Gesellschaft oder die Deutsche Verkehrs-Kredit-Bank sind ja hinreichend bekannt.

Darüber hinaus ist allerdings denkbar, in sich relativ geschlossene Bereiche, wie beispielsweise die Hamburger S-Bahn oder den Stückgutdienst in diese Verselbständigung einzubeziehen, mit der Konsequenz größerer Autonomie bei der Leistungs- und Preisbestimmung am Markt. Auch hierzu stehen wir in Einklang mit entsprechenden Vorstellungen des Bundesministers für Verkehr.

Ich bin mir darüber im klaren, daß ich hier nur in knapper und damit unvollständiger Form einige Gedanken vortragen konnte, die selbstverständlich der Vertiefung bedürfen.

Vielleicht bietet die Podiumsdiskussion hierzu noch Gelegenheit.

Lassen Sie mich abschließend nur noch einen die Dinge etwas relativierenden Satz anfügen:

An Organisationskonzepten oder gar an Privatisierungsvorhaben wird kein notleidendes öffentliches Dienstleistungsunternehmen genesen, in einem Gesamtkonzept zur wirtschaftlichen Stabilisierung werden allerdings auch neue Organisationsformen der von mir skizzierten Art ihren Beitrag leisten müssen.

Literatur

Forsthoff, Ernst: Lehrbuch des Verwaltungsrechts, 1. Bd., Allgemeiner Teil, 10. Auflage, München und Berlin 1973. — *Kosiol*, Erich: Organisation der Unternehmung, Wiesbaden 1962. — *Püttner*, Günter: Die öffentlichen Unternehmen, Bad Homburg, Berlin, Zürich 1969. — *Witte*, Eberhard, unter Mitarbeit von Jürgen Hauschildt: Die öffentliche Unternehmung im Interessenkonflikt, Berlin 1966.

III. Mitbestimmung der Belegschaft und öffentliches Interesse

Von Friedhelm Farthmann

1. Abgrenzung des Themas

Das mir gestellte Thema umfaßt insgesamt zwei Aspekte; einen generellen und einen speziellen. Der erste betrifft die Frage, ob und wieweit allgemein in der Unternehmensordnung — auch für Unternehmen, die privatwirtschaftlich organisiert sind — neben den Interessen der Anteilseigner und der Arbeitnehmer auch das öffentliche Interesse zu berücksichtigen ist. Es wird heute nicht mehr ernsthaft bestritten, daß Unternehmen nicht nur wirtschaftliche, sondern auch gesellschaftliche Bedeutung haben. Das gilt insbesondere für Großunternehmen, die zu einem bestimmenden Einflußfaktor in der Wirtschaft geworden sind. Unternehmen dieser Art treten nicht nur über ihre Marktbeziehungen mit ihrer Umwelt in ein Austauschverhältnis; vielmehr unterhalten sie darüber hinaus enge Beziehungen mit den verschiedenen politischen, sozialen und wirtschaftlichen Gruppen. Daraus folgt, daß Großunternehmen nicht mehr ausschließlich als eine private Veranstaltung der Anteilseigner angesehen werden können, sondern daß es sich bei ihnen um gesellschaftliche Gebilde handelt, die in vielfacher Hinsicht in der Gesamtgesellschaft verankert sind und von deren Investitionsentscheidungen sowohl die Existenz der Beschäftigten und ihrer Familien als auch die der öffentlichen Gebietskörperschaften und zahlreicher Lieferanten und Abnehmer abhängig sein kann. Unternehmen üben deshalb nicht nur wirtschaftliche, sondern auch gesellschaftliche und politische Macht aus[1].

Aus diesem Grunde ist es nicht verwunderlich, daß das Schicksal großer Unternehmen von erheblichem öffentlichen Interesse ist[2]. Einen gesetzlichen Ausdruck hatte dieser Interessenpluralismus bereits in

---

[1] So schon der Bericht der Studienkommission des 39. Deutschen Juristentages, Untersuchungen zur Reform des Unternehmensrechts, 1955, Teil I, S. 24 ff.
[2] Vgl. auch Friedhelm Farthmann, Funktion und Bedeutung der „weiteren Mitglieder" in den Aufsichtsräten der Montanindustrie, in: Mitbestimmung und Wirtschaftspolitik, hrsg. von Nemitz und Becker, Köln 1967, S. 214 ff., mit weiteren Nachweisen.

§ 70 Abs. 1 des Aktiengesetzes von 1937 gefunden. Nach dieser Vorschrift hatte der Vorstand bei der Leitung der Gesellschaft nicht nur das Wohl des Betriebes und der Belegschaft, sondern auch das Gemeinwohl zu berücksichtigen. Leider hat das neue Aktiengesetz von 1965 eine derartige Regelung nicht übernommen — angeblich, weil die Beachtung dieser Interessen eine Selbstverständlichkeit sei, wie es in der amtlichen Regierungsbegründung heißt. Ebenso bedauerlich ist, daß auch das neue Mitbestimmungsgesetz von 1976 diesem Gedanken wenig Beachtung geschenkt hat.

Ich möchte diesen generellen Gesichtspunkt hier nicht weiter vertiefen, weil ich glaube, daß nach dem Gesamtrahmen der Veranstaltung das mir gestellte Thema vor allem auf den speziellen Aspekt des öffentlichen Dienstes abzielt. Hierbei handelt es sich um das Problem, ob und wieweit im Bereich der öffentlichen Hand die Mitbestimmung der Beschäftigten durch das öffentliche Interesse begrenzt oder gar ausgeschlossen wird. Im folgenden soll deshalb das Thema unter diesem Gesichtspunkt ausführlicher erörtert werden. Dabei gehe ich davon aus, daß die Beschäftigten im öffentlichen Dienst prinzipiell in dem gleichen wirtschaftlichen und persönlichen Abhängigkeitsverhältnis stehen wie die Arbeitnehmer in der privaten Wirtschaft und deshalb grundsätzlich Anspruch auf die gleiche Rechtstellung haben[3].

2. Mitbestimmung und demokratische Willensbildung

Der für die vorliegende Fragestellung entscheidende Unterschied zwischen der Privatwirtschaft und dem öffentlichen Dienst besteht darin, daß im ersten Bereich die Arbeitnehmer von einem Kapitalgeber beschäftigt werden, der aus eigenem Gewinnstreben sein Kapital zu Produktionszwecken einsetzt und für die Aufrechterhaltung des Produktionsprozesses auf die Mithilfe anderer Menschen angewiesen ist, während im zweiten Bereich eine bereits demokratisch legitimierte und kontrollierte Institution die Beschäftigten einsetzt, um den politischen Willen der Mehrheit des Volkes in die Tat umzusetzen. Aus diesem Unterschied ergibt sich eine prinzipielle Begrenzung des Mitbestimmungsrechts der im öffentlichen Dienst Beschäftigten. Es kann nämlich nach unserer Verfassungsordnung nicht zweifelhaft sein, daß die Vollziehung des politischen Willens des demokratisch gewählten Parlaments — sei es auf Bundes-, Landes- oder Kommunalebene — durch die Mitbestimmung, d. h. durch den Willen der gerade dort Beschäftigten nicht behindert oder aufgehoben werden darf. Alles andere würde be-

---

[3] So auch Gert von Eynern, Mitbestimmung in Eigenbetrieben: Pro und contra Gemeinwohl, in: Öffentliche Wirtschaft und Gemeinwirtschaft, Heft 1, 1973, S. 6.

deuten, die Selbstbestimmung des Volkes aufzuheben durch die Mitbestimmung der Beschäftigten. So wäre es etwa absurd anzunehmen, daß die Beschäftigten des Bundeskanzleramtes darüber mitzubestimmen hätten, wer Bundeskanzler wird und was der Bundeskanzler zu tun und zu lassen hat.

Über dieses Prinzip sollte bei allen politisch relevanten Kräften Einigkeit bestehen. Beispielsweise hat sich dazu auch die Gewerkschaft ÖTV ausdrücklich bekannt. So hat ihr stellvertretender Vorsitzender, Karl-Heinz Hoffmann, dazu auf dem 7. Ordentlichen Gewerkschaftstag in Berlin am 30. 5. 1972 wörtlich ausgeführt: „Unsere Basis, die Basis der Gewerkschaft ÖTV, ist das Grundgesetz der Bundesrepublik Deutschland. Wir bekennen uns zur parlamentarischen Demokratie, die Voraussetzung ist für freie Gewerkschaften. Deshalb wird die Mitbestimmung im öffentlichen Dienst dort ihre Grenze finden, wo die Kompetenz der Parlamente beginnt[4]."

So klar und eindeutig dieses Prinzip generell zu formulieren ist, so schwierig ist allerdings seine praktische Anwendung im einzelnen. Dazu liegen auch — soweit ich sehe — bisher keine abgeschlossenen Konzeptionen der politischen Parteien oder sonstiger großer gesellschaftlicher Gruppen vor. Die folgenden Ausführungen geben deshalb auch ausschließlich meine persönliche Ansicht wieder; sie sind deshalb nicht anzusehen als eine Stellungnahme der SPD, des DGB oder der Landesregierung von NRW.

3. Öffentliches Interesse im Bereich des Personalvertretungsrechts

Relativ einfach ist die Lösung in dem Bereich, den wir in der privaten Wirtschaft die betriebliche Mitbestimmung nennen. Dieser ist im öffentlichen Dienst bekanntlich geregelt durch die Personalvertretungsgesetze des Bundes und der Länder. Auf dieser Mitbestimmungsebene geht es darum, der Interessenvertretung der Beschäftigten Mitbestimmungs- und Mitwirkungsrechte zu gewährleisten bei den Entscheidungen in sozialen, personellen und organisatorischen Angelegenheiten. In diesen Fällen kann es keine grundsätzliche Abweichung aus dem Gesichtspunkt des öffentlichen Interesses geben, weil auch die öffentliche Hand bei der Vollziehung des politischen Willens des Parlaments die sozialen und personellen Interessen der dabei einbezogenen Beschäftigten in dem in der privaten Wirtschaft anerkannten Maße zu respektieren hat.

---

[4] Karl-Heinz Hoffmann am 30. Mai 1972 auf dem 7. Ordentlichen Gewerkschaftstag der ÖTV in Berlin; zitiert in: Öffentliche Wirtschaft und Gemeinwirtschaft, Heft 1, 1973, S. 11.

Der Bundesgesetzgeber hat diesem Gedanken Rechnung getragen, indem er die Regelungen des Bundespersonalvertretungsgesetzes in enger Anlehnung an das Betriebsverfassungsgesetz verabschiedet hat, und zwar mit nahezu allen Stimmen der im Bundestag vertretenen Parteien; es gab lediglich zwei Enthaltungen.

Trotz aller Bemühungen um Kongruenz zwingen die Besonderheiten des öffentlichen Dienstes allerdings auch hier zu geringfügigen Abweichungen. So findet vor allem das Mitbestimmungsrecht des Personalrats nach der bekannten Entscheidung des Bundesverfassungsgerichts vom 27. 4. 1959[5] zum Bremer Landespersonalvertretungsgesetz seine Grenzen bei den personellen Angelegenheiten der Beamten, und zwar unabhängig von deren Rang und nicht etwa beschränkt auf die sog. politischen Beamten. Die Regierung kann die von ihr geforderte politische Verantwortung nur übernehmen, wenn die Entscheidungskompetenzen der Behörden von Beschäftigten wahrgenommen werden, die allein der Regierung untergeordnet und allein von ihr abhängig sind. Deswegen dürfen die Personalangelegenheiten der Beamten nicht generell der Regierungsverantwortung entzogen und auf von Regierung und Parlament unabhängige Stellen — etwa eine Einigungsstelle — übertragen werden. Dieser Rechtsprechung haben die Personalvertretungsgesetze des Bundes und der Länder Rechnung getragen und der Behörde bei einem Scheitern des Verfahrens vor der Einigungsstelle das Recht der endgültigen Entscheidung gegeben.

Mit dieser und einigen anderen sich aus der Natur des öffentlichen Dienstes ergebenden Besonderheiten ist die Mitbestimmung auf innerbehördlicher Ebene durch die 1973 vorgenommene Novellierung des Bundespersonalvertretungsgesetzes und die nachfolgenden Reformen der einzelnen Landespersonalvertretungsgesetze durchaus zufriedenstellend verwirklicht worden. Es gibt bei der Durchführung der Vorschriften hier und da zwar Schwierigkeiten und offene Fragen. Im großen und ganzen wird man jedoch sagen können, daß die Beschäftigten im öffentlichen Dienst die gleichen Mitwirkungs- und Mitgestaltungsrechte in Anspruch nehmen können, wie sie den Arbeitnehmern in der Privatwirtschaft durch das Betriebsverfassungsgesetz eingeräumt worden sind.

4. Mitbestimmung auf der Leitungsebene

Sehr viel schwieriger gestaltet sich demgegenüber die Problematik bei der Mitbestimmung auf der Leitungsebene. Bei dieser Frage kann es zunächst keine Meinungsverschiedenheiten geben im Bereich der ei-

---

[5] Entscheidung des Bundesverfassungsgerichts vom 27. 4. 1959 in Band 9 der Amtlichen Entscheidungssammlung, S. 268 ff.

III. Mitbestimmung der Belegschaft und öffentliches Interesse

gentlichen Hoheitsverwaltung. Hier ist eine Parallele zur Mitbestimmung auf Unternehmensebene in der Privatwirtschaft nicht möglich, und zwar unabhängig davon, ob es sich um Kommunalverwaltung, Landes- oder Bundesverwaltung handelt. Die Behördenspitze ist allein der parlamentarischen Institution verantwortlich, so daß die Mitbestimmung der Beschäftigten in diesen Verwaltungen über den Rahmen des Personalvertretungsrechts nicht hinausreichen kann.

Äußerst kompliziert wird die Lösung jedoch in den Fällen der quasi unternehmerischen Betätigung der öffentlichen Hand. Dabei wird man folgende Fallgruppen unterscheiden müssen:

a) Kapitalgesellschaften, die sich mehrheitlich im Besitz der öffentlichen Hand befinden

Es gibt bekanntlich mehrere große Kapitalgesellschaften, die sich mehrheitlich im Besitz der öffentlichen Hand befinden, z. B. Salzgitter AG, Vereinigte Industrie-Unternehmungen AG VIAG, Saarbergwerke AG, VEBA AG. Bei ihnen besteht kein Grund, sie hinsichtlich der Mitbestimmungsregelung anders zu behandeln als die Unternehmen im Privatbesitz. Wenn sich die öffentliche Hand im Rahmen unternehmerischer Betätigung kapitalistischer Unternehmensformen bedient, muß sie sich den gleichen Regeln unterwerfen wie der private Kapitalgeber. Es gibt keinen Anlaß, etwa bei der Salzgitter AG eine andere Mitbestimmungsform vorzusehen als bei der August-Thyssen-Hütte. Dieses Ergebnis scheint auch im wesentlichen unbestritten zu sein.

b) Öffentliche Versorgungs- und Verkehrsunternehmen in der Rechtsform der AG oder GmbH

Prinzipiell der gleichen Regelung sind die öffentlichen Versorgungs- und Verkehrsunternehmen zu unterwerfen, wenn sie in der Rechtsform einer AG oder GmbH betrieben werden. Auch bei ihnen scheint eine allgemeine Herausnahme aus den Mitbestimmungsvorschriften für die private Wirtschaft weder gerechtfertigt noch notwendig zu sein. Das bedeutet, daß es auch bei diesen Unternehmen eine volle paritätische Mitbestimmung der Arbeitnehmer geben kann, sofern sie die entsprechende Größenordnung erreichen. Dies entspricht auch der Regelung, die das neue Mitbestimmungsgesetz geschaffen hat, das zwar noch keine volle Parität gebracht, aber auch keine Ausnahme für öffentliche Versorgungs- oder Verkehrsunternehmen vorgesehen hat. Allerdings kann es insofern eine Grenze für die Mitbestimmung geben, als sich die öffentliche Hand die Sicherstellung der Verkehrs- und Versorgungsleistungen für die Bevölkerung vorbehalten kann. Deshalb können der Umfang der Leistungspflichten und deren Preisgestaltung von der Mitbestimmung der Arbeitnehmer ausgenommen und der Alleinentscheidung oder Genehmigung durch die politische Exekutive oder Legislative zugewiesen werden.

c) Öffentlich-rechtliche Anstalten mit unternehmerischer Zielsetzung

Besonders schwierig ist die Problematik für die öffentlich-rechtlichen Anstalten, bei denen sich öffentlicher Auftrag und unternehmerischer Zweck mischen. Das gilt beispielsweise für die Landesbanken, die Sparkassen sowie die Bundesbahn und Bundespost. Bei ihnen muß in jedem Fall der politische Auftrag der Institution durchsetzbar sein.

Davon ausgehend bieten sich deshalb zunächst zwei Wege an, nach denen den Beschäftigten dieser Institute Mitbestimmung eingeräumt werden kann: Entweder muß die Mitbestimmung der Arbeitnehmer in einer Minderheitenposition bleiben, damit die Verwirklichung des politischen Willens des demokratischen Gewährträgers nicht infrage gestellt werden kann. Oder es kann auch hier einer paritätischen Mitbestimmung der Arbeitnehmer zugestimmt werden, wenn es einen Vorbehalt zu Gunsten des politischen Gewährträgers für alle Entscheidungen gibt, die die Sicherstellung des öffentlichen Auftrages betreffen, also zumindest bezüglich des Umfangs der Leistungen und deren Preisgestaltung.

Als beste Lösung böte sich meines Erachtens noch ein dritter Weg an: die jeweilige $^1/_3$-Mitbestimmung von drei Interessengruppen im Aufsichtsorgan. Danach würden der öffentliche Eigentümer ein Drittel und die Arbeitnehmer ein weiteres Drittel der Mitglieder des Aufsichtsorgans stellen. Das letzte Drittel könnte mit Vertretern des öffentlichen Interesses besetzt werden, die sich jedoch deutlich von den Repräsentanten des öffentlichen Eigentümers abheben müßten.

Bei dieser Lösung würde einmal gewährleistet, daß die Arbeitnehmer eine gleichstarke Stellung wie die Eigentümer hätten, zum anderen könnte aber die Durchsetzung des öffentlichen Interesses nicht gefährdet werden. Die Schwierigkeit dieser Alternative bestände natürlich in der Repräsentation des öffentlichen Interesses. Diese Frage müßte jedoch lösbar sein. So könnten etwa die Vertreter des öffentlichen Eigentümers von der Exekutive und die Vertreter des öffentlichen Interesses von der Legislative — auf Bundesebene evtl. durch Bundestag und Bundesrat gemeinsam — bestimmt werden. Durch die parteipolitischen Differenzierungen wäre auch sichergestellt, daß die Vertreter des öffentlichen Interesses nicht immer in der gleichen Interessenrichtung wie die Vertreter des öffentlichen Eigentümers festgelegt wären.

d) Eigenbetriebe

Für die Eigenbetriebe nach der Eigenbetriebsverordnung, also für die Verkehrs- und Versorgungsunternehmen, die nicht in der Rechtsform einer selbständigen privatrechtlichen Gesellschaft betrieben werden, könnte meines Erachtens das gleiche gelten, wie es zu c) für die öffentlich-rechtlichen Anstalten ausgeführt worden ist.

e) Selbstverwaltungskörperschaften der Sozialversicherung

Die Selbstverwaltungskörperschaften der Sozialversicherung wie etwa die Orts- und Betriebskrankenkassen, die Landesversicherungsanstalten oder auch die entsprechenden Bundesanstalten müßten meines Erachtens wie die Behörden der Hoheitsverwaltung, also entsprechend den Ausführungen unter a) behandelt werden. Das bedeutet, daß es bei ihnen eine Mitbestimmung der Beschäftigten in der Leitung der Institution nicht geben kann. Alles andere würde das ausgewogene Verhältnis der verschiedenen Gruppen in der Selbstverwaltung zerstören.

5. Spannungsfeld zwischen öffentlichem Interesse und Belegschaftsinteresse

Bei der Suche nach Lösungen für das angeschnittene Problem wird man immer wieder feststellen, wie schmal der Weg im Bereich der Behörden und Verwaltungen der öffentlichen Hand zwischen den Interessen der Beschäftigten und dem Interesse der Allgemeinheit ist. Aus der Sicht des Beschäftigten macht es keinen entscheidenden Unterschied, ob er sich in dem betrieblichen Unterordnungsverhältnis eines privaten Unternehmers oder im Rahmen einer öffentlichen Behörde befindet. Unbestreitbar grenzen jedoch verfassungsrechtliche Prinzipien die Forderungen nach Demokratisierung durch Mitbestimmung ein. Man kann nicht ohne schwere innere Widersprüche eine „Demokratisierung der Demokratie" fordern. Mitbestimmung im öffentlichen Dienst wird sich deshalb immer in einem Spannungsverhältnis zwischen dem Anspruch auf Selbstverwirklichung der Beschäftigten einerseits und dem Demokratieprinzip und dem darin eingeschlossenen Grundsatz der Selbstverwaltung andererseits bewegen. Man wird auf eine Mitbestimmung auch hier nicht verzichten können, zumal da sie ein wichtiger Bestandteil moderner Unternehmensführung ist, unabhängig davon, ob es sich um ein privates oder öffentliches Unternehmen handelt. In dem aufgezeigten Spannungsfeld wird die Mitbestimmung aber für alle Beteiligten, für Gewerkschaften und Arbeitgeber, für Wissenschaftler und Politiker eine ständige Herausforderung bleiben.

IV. Öffentliche Defizitunternehmen und Abgeltungsansprüche

Von Theo Thiemeyer

1. Bei dieser in der neueren Literatur zur öffentlichen Wirtschaft eifrig diskutierten Frage handelt es sich um einen Teilaspekt des Finanzierungsproblems öffentlicher Betriebe. Im Mittelpunkt der Argumentation steht die These, daß Defizite öffentlicher Unternehmen ganz oder zumindest teilweise dadurch entstehen, daß diesen Unternehmen von ihren Trägern, i. d. R. öffentlichen Gebietskörperschaften, bestimmte *betriebsfremde Lasten* und *gemeinwirtschaftliche Aufgaben* übertragen werden, für die sie kein oder zumindest kein kostendeckendes Entgelt erhalten[1]. Öffentliche Unternehmen werden also — so meint man — als Instrumente zur Erfüllung öffentlicher Aufgaben benutzt; die infolge dieser gemeinwirtschaftlichen Aufgabenerfüllung entstehende Kostenlast — man spricht von *„gemeinwirtschaftlicher Last"* — wird aber vom Auftraggeber nicht oder nicht in vollem Umfang ersetzt.

Zwar könnten die betreffenden öffentlichen Betriebe keine *„Eigenwirtschaftlichkeit"* (d. h. — die Terminologie ist hier von bedenklicher Unschärfe — Kostendeckung, Aufwandsdeckung oder Ausgabendeckung) durch die von den unmittelbaren Empfängern (Nutzern) der Leistung gezahlte Entgelte (Tarife, Beiträge, Gebühren) erreichen. In vielen Fällen sei aber durch die aus den öffentlichen Haushalten zu erstattenden Abgeltungen, die auch ein Leistungsentgelt und keine Subvention seien, „Eigenwirtschaftlichkeit" in weiterem Sinne zu erzielen[2]. In der Literatur wurde für diese Art der Eigenwirtschaftlichkeit der öffentlichen Betriebe der Ausdruck „gemeinwirtschaftliche Eigenwirtschaftlichkeit" (Seggel, Hardy, Wagner) vorgeschlagen.

Die Argumentation scheint zunächst plausibel zu sein, bedarf aber doch der subtilen Analyse.

---

[1] Vgl. Theo Thiemeyer, Wirtschaftslehre öffentlicher Betriebe, Reinbek bei Hamburg 1975, S. 124 ff.

[2] Rolf Seggel, Grundsätze für die Wirtschaftsführung im öffentlichen Personen-Nahverkehr, gemeinwirtschaftlich gebundene, kostendeckende Eigenwirtschaftlichkeit, in: Gutknecht, Lehner, Mroß (Hrsg.), Handbuch der Verkehrswirtschaft, Düsseldorf 1965. Ferner Hardy R. H. Wagner, Heutige Möglichkeiten gemeinwirtschaftlicher Verkehrsbedienung im öffentlichen Personennahverkehr (ÖPN), Diss. Köln 1965, S. 35 ff.

IV. Öffentliche Defizitunternehmen und Abgeltungsansprüche 145

2. Eine grundsätzliche Schwierigkeit, die nicht nur in der hier behandelten Abgeltungs-Diskussion von Bedeutung ist, besteht darin, daß in der Diskussion nicht immer klar ist, worauf die Begriffe „Kostendeckung", „Eigenwirtschaftlichkeit", „Defizit" usw. überhaupt abstellen: Es kann sich beispielsweise um die Deckung der Kosten im betriebswirtschaftlichen Sinne handeln oder aber um Kosten im finanzwirtschaftlichen Sinne (pagatorische Kosten, geldwirksamen Aufwand). Eine Analyse der einschlägigen Literatur macht deutlich, daß — entgegen dem ersten Anschein — in der Regel der finanzwirtschaftliche Aspekt der Ausgabendeckung im Vordergrund steht[3]: Die finanzwirtschaftliche Eigenwirtschaftlichkeit — und nur mittelbar die betriebswirtschaftliche — ist das politisch und haushaltswirtschaftlich relevante Problem. Aber diese Frage spielt in vielen Bereichen — z. B. bei der Gebührenpolitik — eine Rolle und muß daher hier nicht weiter erörtert werden.

3. Die Zahlung von *Abgeltungen* ist *eine Form der Finanzierung der Leistungen öffentlicher Betriebe* und muß daher im Zusammenhang mit allen Finanzierungsmöglichkeiten defizitärer Betriebe gesehen werden[4]. Die Finanzierung öffentlicher Betriebe kann erfolgen (a) über *Leistungsentgelte* der Benutzer (Preise, Tarife, Gebühren, Pflegesätze, Zinsen, Straßenmaut), (b) über einen oder mehrere *öffentliche Haushalte* und (c) über *Zuschüsse Dritter* (z. B. *Kapitalzuschüsse* seitens des durch Verkehrserschließung begünstigten Grundbesitzes oder (laufende) *Betriebszuschüsse* durch solche Gewerbebetriebe, die man als sog. „Veranlasser" von Infrastrukturkosten betrachtet). Die Finanzierung über das Leistungsentgelt der Benutzer schließt — als ein für die öffentlichen Betriebe charakteristisches Finanzierungsverfahren — die *„interne Subventionierung"* ein. Unter „interner Subventionierung" versteht man die Erzielung von Überschüssen auf bestimmten Teilmärkten, zur Finanzierung defizitärer Leistungen auf anderen Teilmärkten. Interne Subventionierung kann vorliegen beim kommunalen Querverbund; er liegt vor allem dann vor, wenn ein Defizit des Nahverkehrsbereichs durch einen Überschuß im Versorgungsbereich abgedeckt wird. Auch bei der „einheitlichen Tarifierung im Raum" (Verkehrswirtschaft, Versorgungswirtschaft) handelt es sich um eine derartige interne Subventionierung. Das gleiche gilt für den voll pauschalierten Pflegesatz der Bundespflegesatz-Verordnung. *Alle Finanzie-*

---

[3] Zur Bedeutung der Finanzrechnung auch für die privatwirtschaftliche Praxis vgl. Klaus Chmielewicz, Betriebliches Rechnungswesen I, Finanzrechnung und Bilanz, Reinbek bei Hamburg 1973, bes. S. 73 ff.

[4] Zum Finanzierungsproblem vgl. Dieter Witt, Einflüsse öffentlich-wirtschaftlicher Ziele auf die rationale Finanzierung öffentlicher Betriebe, Diss. München 1972, Karl Oettle, Grundfragen öffentlicher Betriebe II, Schriften zur öffentlichen Verwaltung und öffentlichen Wirtschaft, hrsg. von Peter Eichhorn und Peter Friedrich, Band 14, Baden-Baden 1976.

rungsmethoden (über den Preis, über öffentliche Haushalte, über Zuschüsse Dritter) werden angewendet und *können je nach den Umständen zielführend, d. h. wirtschaftlich und rational sein*. A priori hat kein Finanzierungsverfahren — auch kein Preisbildungsprinzip — die Vermutung der größeren Wirtschaftlichkeit für sich. In jedem konkreten Fall sind die produktionspolitischen Wirkungen bestimmter Finanzierungsverfahren (d. h. Wirkungen auf Nachfrage, Angebot und Rationalität der betrieblichen Leistungserstellung) und die verteilungspolitischen Wirkungen (Verteilung der Finanzlast auf verschiedene Gruppen oder soziale Schichten) zu untersuchen. Angesichts der Vielfalt der konkreten Aufgaben öffentlicher Betriebe und angesichts der Vielgestaltigkeit der Bedingungen, unter denen sie tätig werden, spricht die Vermutung für eine ebenso große *Vielfalt der Finanzierungsmethoden* und -techniken. Kein Tarifierungsverfahren ist a priori ausgeschlossen: Je nach den Umständen kann sich bei öffentlichen Betrieben die Überschußerzielung, der Kostenpreis, der Teilkostenpreis (z. B. Grenzkostenpreis), der Nulltarif oder sogar der negative Preis (die Prämie für die Inanspruchnahme, z. B. von Vorsorgeuntersuchungen bei den Betrieben der gesetzlichen Krankenversicherung) in Hinsicht auf den Lenkungseffekt als zweckmäßig erweisen[5]. *Apriorische Preisregeln*[6] sind in ihrer Einfachheit faszinierend. Nur in der Praxis bewähren sie sich nicht.

4. In dieser Skala der Finanzierungsmöglichkeiten öffentlicher Betriebe sind die „*Abgeltungen*" als eine Form der Finanzierung über einen oder mehrere öffentliche Haushalte einzuordnen. In der Regel spricht man bei einer solchen Finanzierung über öffentliche Haushalte von *Subventionen*[7] oder von Defizitausgleich. Die Verfechter der „Abgeltungs"-Theorien betonen aber mit allem Nachdruck, daß es sich bei „Abgeltungen" nicht um „Subventionen" handelt. Das gilt zunächst für die Erstattung der Ausgaben für die *betriebsfremden Leistungen*. Hierzu gehören beispielsweise Kriegsfolgen, Rentenlasten und sonstige sozialpolitische Leistungen, die vergleichbare Betriebe, zumal private Betriebe, nicht zu tragen haben, ferner die Beibehaltung eines Personalüberhangs oder Fortführung von Betriebsteilen aus beschäftigungspolitischen Gründen. Bei den Verkehrsunternehmen werden häufig die Beteiligungen an Kreuzungsbauwerken den betriebsfremden Lasten

---

[5] Vgl. zum Preisbildungsproblem Alexander van der Bellen, Öffentliche Unternehmen zwischen Markt und Staat, Köln 1977, S. 72 ff.

[6] Vgl. dazu Theo Thiemeyer, Probleme und Besonderheiten der Preispolitik gemeinwirtschaftlicher Betriebe, in: Gemeinwirtschaftliche Betriebe und öffentliche Verwaltungen, in: Zeitschrift für betriebswirtschaftliche Forschung, Sonderheft 5, hrsg. von Herbert R. Haesler, S. 27 ff.

[7] Zum Streit um den Subventionsbegriff vgl. Theo Thiemeyer, Wirtschaftslehre öffentlicher Betriebe, a.a.O., S. 127 ff.

IV. Öffentliche Defizitunternehmen und Abgeltungsansprüche

zugerechnet, beim ÖPN die sog. Folgekosten, d. h. Aufwendungen infolge der vertraglichen Verpflichtung der ÖPN- und Versorgungsbetriebe, die Verkehrswege bei Straßenbaumaßnahmen anzupassen usw.

Abgeltungen werden aber auch gefordert für betriebstypische (also nicht „betriebsfremde") *gemeinwirtschaftliche Leistungen*, wie beispielsweise *tatsächliche oder hypothetische Entgeltausfälle* infolge sozialpolitischer oder meritorischer Preisnachlässe (d. h. Preisnachlässe mit der Funktion der Lenkung der Nachfrage), aber auch für die finanziellen Folgen der sog. Pflichtenkataloge für öffentlich gebundene Unternehmen (Beförderungspflicht — bei Versorgungsunternehmen Anschlußpflicht —, Betriebspflicht, Tarifpflicht, Fahrplanpflicht usw.).

Kurz: Abgeltungen werden gefordert für „im öffentlichen Interesse auferlegten Verpflichtungen zu gemeinwirtschaftlichen Leistungen tariflicher oder betrieblicher Art, wenn und soweit derartige Leistungen nach kaufmännisch-wirtschaftlichen Gesichtspunkten eine Belastung darstellen"[8].

Zwei Probleme sind zu klären:

1. *Probleme der kostenrechnerischen Ermittlung* von in diesem Sinne abgeltungspflichtigen Lasten,
2. die Frage der „kaufmännisch-wirtschaftlichen Gesichtspunkte" als *Abgrenzungskriterien*.

Es geht um die Frage, ob diese Abgrenzung der „Abgeltungen" von den „Subventionen" oder sonstigen Finanzzuschüssen ökonomisch sinnvoll oder überhaupt durchführbar ist.

a) Relativ unproblematisch sind jene Fälle, bei denen die Abgeltung nur auf die Erstattung der *Differenz zwischen Normaltarifen und ermäßigten Tarifen* wie z. B. Sozialtarife für Berufstätige und Auszubildende, Kriegs- und Zivilgeschädigte abstellt.

b) Verwaltungstechnisch schwieriger sind schon jene Fälle, in denen der Bund nach dem Beispiel des § 28 a Bundesbahngesetz Abgeltungen in Höhe der von der Aufsichtsbehörde *nicht genehmigten Tariferhöhungen* oder — beispielsweise — Abgeltungen für *nicht genehmigte Streckenstillegungen* gezahlt werden sollen. Seitens der abgeltenden Körperschaft erweist sich die Prüfung der Angemessenheit als unerläßlich. Es ergibt sich eine gewisse Analogie zu der Ermittlung der Pflegesätze in der Krankenhauswirtschaft. Die „richtigen" Kosten werden schließlich nicht errechnet, sondern sie werden im Verhandlungswege bestimmt.

c) Als methodisch nicht unbedenklich, aber als der angesichts des relativ geringen Verwaltungsaufwandes einzig empfehlenswerte Weg —

---
[8] Rolf Seggel, Grundsätze, a.a.O., S. 26.

erweist sich das in der Bundesrepublik Deutschland seit dem 1.1.1977 praktizierte Verfahren der *Abgeltung oder Teilabgeltung der durch Tarifeinnahmen in einem Leistungsbereich* (im gegebenen Fall im Ausbildungsverkehr) *nicht gedeckten Kosten.* Das methodisch Bedenkliche liegt darin, daß man sich bei der Ermittlung der Kosten an pauschalen Kostensätzen orientiert, die nach den Durchschnittswerten einzelner, repräsentativer, leistungsfähiger Unternehmen, die sparsam wirtschaften ermittelt sind. Die Kriterien der Leistungsfähigkeit und Sparsamkeit werden immer umstritten sein. Der Betrieb mit dem geringsten Aufwand kann in die Minderleistung ausgewichen sein[9]. Das gilt für den Nahverkehr, wo die Verdünnung des Leistungsangebots (z. B. durch Verminderung der Verkehrsdichte) zu Kosteneinsparungen führen kann; das gilt ebenso für die Krankenhauswirtschaft. Damit zwingt sich das — ich möchte wagen zu sagen: ohne Streit der Interessenten nie lösbare — *Problem der Effizienzmessung,* des Leistungsvergleichs, *der Erfolgskontrolle nicht-erwerbswirtschaftlicher Betriebe* auf.

Trotz aller Bedenken erweist sich dieser Weg als der einzige, der verwaltungstechnisch praktikabel ist. Das gilt auch für die Krankenhauswirtschaft, wo man gegenwärtig sein Heil noch in der Perfektionierung der Kostenrechnung der einzelnen Betriebe sucht. Inhalt und Form des Rechnungswesens richten sich nach dem Rechnungszweck. Ist der Rechnungszweck die Erzielung von Leistungsentgelten oder Teilentgelten (Abgeltungen), wird sich die Kosten- bzw. Aufwandsrechnung entsprechend gestalten. Auch die Mobilisierung von Prüfungsgesellschaften kann dieser Schwierigkeit nicht abhelfen: Sie ist zeitraubend und sät Mißtrauen. Daher könnte man zu folgender wichtiger Empfehlung an den Gesetzgeber gelangen: Zur Begründung der Höhe von Abgeltungsforderungen bzw. Entgelten öffentlicher Betriebe oder öffentlich gebundener gemeinnütziger Betriebe sollte man sich an den Kosten leistungsstarker und sparsam wirtschaftender Betriebe orientieren, nicht an den faktischen Kosten der einzelnen Betriebe. Das gilt, obgleich sich jedes Urteil über Leistungsfähigkeit und Sparsamkeit als problematisch erweist.

Bei der Bundesbahn ist dieses Verfahren mangels Vergleichs möglichst nicht anwendbar. Auch die auf zwischenstaatlicher Ebene erstrebte „Normalisierung der Kosten" bietet hier keine akzeptable Basis.

d) Seggel forderte in Hinsicht auf den ÖPN bei der Ermittlung der „Abgeltungen" die Berücksichtigung solcher Erlöse, „die ein Unternehmen ... als Gegenleistung für solche Verkehrsleistungen erzielt, die es

---

[9] Vgl. zu dem Problem der Kostenorientierungsgrößen Siegfried Eichhorn, Krankenhausbetriebslehre, Stuttgart usw. 1971, S. 249 ff., vor allem S. 252.

bei freier Entscheidung nach ausschließlich wirtschaftlichen Gesichtspunkten nicht in dem Umfang oder zu dem Preis erbracht hätte, wie es unter Anwendung des Systems der gemeinwirtschaftlichen Bindungen zu erbringen gehalten war"[10].

Dieser Hinweis auf *Erlöse, die ein öffentliches Unternehmen „bei freier Entscheidung nach ausschließlich wirtschaftlichen Gesichtspunkten"* erzielt hätte, bietet für die konkrete Bestimmung von Abgeltungsforderungen keine praktikable Basis. Die Formulierung schließt nicht aus, daß die Erlöse des „freien" Unternehmens die Erlöse des privatwirtschaftlichen Monopolisten oder aber — wenn man von der Fiktion eines funktionierenden Wettbewerbs ausgeht — daß es *Preise „als ob"* sind. Der Hinweis auf Preise „als ob Wettbewerb bestünde" hat sich in der kartellrechtlichen Debatte als unfruchtbar erwiesen und er würde auch in der Abgeltungsdebatte nicht fruchtbar sein.

e) Wird die Abgeltungsforderung in der letzten Fassung schon wenig konkret, so verliert sie sich bei einigen Versionen völlig im Unbestimmten und die angestrebte quantitativ exakte Abgrenzung gegenüber der Subvention wird schlechthin unmöglich. So erscheinen in einigen Veröffentlichungen zu Fragen der Verkehrswirtschaft als „gemeinschaftliche Last", die abgegolten werden müsse, die *Startchancennachteile,* die durch eine vermeintlich falsche bzw. unvollständige *Anlastung der Wegekosten* bei den jeweils konkurrierenden Verkehrsträgern entsteht. Wer die nicht enden wollende „Wegekostendebatte" der letzten Jahrzehnte verfolgt hat, die sich von Wegekostengutachten zu Wegekostengutachten gehangelt hat, von denen keines die Interessenten überzeugt hat, dem ist klar, wie vage so begründete Abgeltungsforderungen sind.

f) Völlig unbestimmt wird die Abgeltungsforderung, wenn Abgeltungen ganz global als *Ausgleichszahlungen für den „gesellschaftlichen Nutzen" des öffentlichen Unternehmens* bezeichnet werden. Daß beispielsweise der volkswirtschaftliche Nutzen des ÖPN in „Straßenentlastung, Umweltschutz, sparsamer Energieverwendung, erhöhter Sicherheit und der Erhaltung gewachsener Stadtstrukturen und städtischen Lebens" bestehen könnte, soll nicht bestritten werden. Daß der Erfolg öffentlicher Unternehmen nicht im Gewinn bestehen kann, ist herrschende Meinung. Aber der Hinweis bietet *keine kostenrechnerische Basis* für die Ermittlung von Abgeltungen, die von Subventionen aus dem öffentlichen Haushalt eindeutig abgrenzbar wären.

Man soll sich auch nicht der Illusion hingeben, als ob das Problem der Ermittlung des volkswirtschaftlichen Nutzens durch eine *Cost-Benefit-*

---
[10] Rolf Seggel, Grundsätze, a.a.O., S. 18.

Analyse gelöst werden könne[11]. Das Verdienst der CBA ist es, Wirkungszusammenhänge aufgedeckt und Erwägungen hinsichtlich möglicher Größenordnungen von sozialen Kosten und Erträgen systematisiert zu haben. In der Form einer perfektionistischen Investitionsrechnung — und in dieser Form tritt die CBA in zahllosen Gutachten auf — muß die CBA versagen. Auch die — gegenüber der CBA realitätsnäheren — Versuche einer *gemeinwirtschaftlichen Erfolgsrechnung*[12] — darf man nicht so fehlverstehen, als lasse sich mit ihrer Hilfe eine Abgeltungsforderung der Höhe nach begründen.

Wir haben bisher mit der in Hinsicht auf unser eigentliches Problem etwas vordergründigen Frage der quantitativ-monetären Ermittlung der Höhe von Abgeltungsforderungen gewidmet. Die Frage nach den möglichen *Konsequenzen der Abgeltungs-Forderung für die Wirtschaftslehre öffentlicher Betriebe* ist zumindest für den Theoretiker von ebenso großem Interesse und kann auch politisch relevante Kernfragen öffentlichen Wirtschaftens überhaupt berühren. Als problematisch erweist sich vor allem, daß die Abgrenzung zwischen betriebsfremden Lasten und gemeinwirtschaftlichen Aufgaben in der Literatur nicht mehr erkennbar ist. Es besteht eindeutig die *Tendenz, gerade auch solche Aufgaben als betriebsfremde Last zu bezeichnen, zu deren Erfüllung öffentliche Unternehmen gegründet bzw. fortgeführt werden.* Zahlreiche Veröffentlichungen zum Thema lassen erkennen, daß unter „kaufmännisch-wirtschaftlichen Gesichtspunkten" und „ausschließlich wirtschaftlichen Gesichtspunkten" die Prinzipien eines privatwirtschaftlichen Erwerbsunternehmens verstanden werden.

Die in neueren Veröffentlichungen der rechtswissenschaftlichen Literatur zu Fragen der öffentlichen Unternehmen (Püttner[13], Wenger[14], Oberndorfer[15]) vertretene Auffassung, daß *öffentliche Unternehmen Teile der Verwaltung* i. w. S. sind, wird auch von zahlreichen Veröffentlichungen zur neueren Wirtschaftslehre öffentlicher Betriebe geteilt: Öffentliche Unternehmen sind danach *Instrumente der staatlichen oder kommunalen Wirtschaftspolitik.* Aus betriebswirtschaft-

---

[11] Vgl. dazu die kritische Würdigung bei Thilo Sarrazin, Frithjof Spreer und Manfred Tietzel, Theorie und Realität in der Cost-Benefit-Analyse, in: Zeitschrift für die gesamte Staatswissenschaft, 130. Bd. 1974, S. 51 ff. Mit Hinweisen zur praktischen Lösung des Problems vor allem Peter Jäger, Soziale Nutzen — Soziale Kosten im öffentlichen Personenverkehr, Konzept einer gemeinwirtschaftlichen Erfolgswürdigung, Düsseldorf 1976.

[12] Peter Eichhorn, Gesellschaftsbezogene Unternehmensrechnung, Göttingen 1974.

[13] Günter Püttner, Die öffentlichen Unternehmen, Bad Homburg usw. 1969.

[14] Karl Wenger, Die öffentliche Unternehmung, Wien und New York 1969.

[15] Peter Oberndorfer, Gemeindesubventionen, in: Forschungen aus Staat und Recht, Bd. 24, Förderungsverwaltung, Wien 1973, S. 339 ff.

licher Sicht kann nur eine solche Gestaltung der Betriebsprozesse von der Beschaffung bis zur Angebotspolitik als „rational", als „wirtschaftlich" erscheinen, die der Realisierung dieser Ziele dient. Neben ihrer Versorgungsfunktion haben diese Betriebe u. a. strukturpolitische, konjunkturpolitische, sozialpolitische Aufgaben. Sie sind Instrumente neben anderen Instrumenten. Was wirtschaftlich ist, kann erst bestimmt werden, wenn die Aufgaben der Betriebe klar sind[16]. Es erweist sich dabei als nachteilig, „kaufmännisch-wirtschaftliche Gesichtspunkte" von vornherein und wie selbstverständlich mit privatwirtschaftlichen Gesichtspunkten zu identifizieren. Auch und gerade das öffentliche, gemeinwirtschaftliche Unternehmen bedarf des kaufmännischen Elans und der unternehmerischen Elastizität zur Realisierung seiner Aufgaben, aber eben nicht privater, sondern öffentlicher Aufgaben. Damit berühren wir einen weiteren wichtigen Aspekt der Abgeltungsdiskussion.

5. Erweist sich die Abgeltungsforderung bei defizitären öffentlichen Unternehmen als teilweise sehr unbestimmt und in ihrer fiktiven Entgegensetzung von (vermeintlichem) Unternehmensinteresse und öffentlicher Aufgabe als bedenklich, so verbirgt sich doch hinter der Abgeltungsforderung noch ein soziologisches Phänomen, das seinerseits wieder betriebswirtschaftliche Konsequenzen haben kann: Defizitäre Unternehmen gelten in der Öffentlichkeit von vornherein als unwirtschaftliche Betriebe. *Defizite gelten als Zeichen der Mißwirtschaft*, die Unternehmensleiter von defizitären Unternehmen gelten auch im Falle beachtlicher unternehmerischer Leistungsfähigkeit, als Manager mit geringer unternehmerischer Fortune.

Damit könnte man es bewenden lassen. Aber die Vorurteile haben ökonomische Konsequenzen. Defizitäre Betriebsführung provoziert Interventionsgelüste legitimierter und nicht legitimierter Instanzen. *Wer subventioniert, interveniert;* und zwar in alle Betriebsprozesse. Die politischen Folgen defizitärer Betriebsführung lähmen die unternehmerische Entscheidungselastizität, auf die gerade die defizitären Unternehmen nicht verzichten können. So wenig plausibel die Unterscheidung von Abgeltungen und Subventionen als Formen der Finanzierung aus öffentlichen Haushalten auch sein mag: Das Wort „Abgeltung" nimmt der Finanzierung über öffentliche Haushalte den in vielen Fällen irrigen Geruch der Unwirtschaftlichkeit und parlamentarische Entscheidungsgremien tun sich leichter bei der Bewilligung von Abgeltungen als bei der Bewilligung von Subventionen.

---

[16] Vgl. zu dieser Problematik Werner Wilhelm Engelhardt, Die öffentlichen Unternehmen und Verwaltungen als Gegenstand der Einzelwirtschaftsmorphologie und -typologie, in: Zeitschrift für Betriebswirtschaft, 44. Jg. 1974, S. 483 ff. und S. 578 ff., hier bes. S. 498 ff.

Ob man die Finanzierung über öffentliche Haushalte „Abgeltung" oder „Subvention" nennt, ist eine Frage der Terminologie. Es ist aber nicht auszuschließen, daß die verwendete Terminologie für den Finanzierungsvorgang von Bedeutung ist. Es handelt sich um ein sprachsoziologisches Phänomen von — zugegebenermaßen — großer finanzpolitischer Relevanz, das aus der Perspektive der Finanzierungsstrategie öffentlicher Unternehmen nicht unbeachtet bleiben kann. Entscheidend ist, daß überall dort, wo sich eine Finanzierung über öffentliche Haushalte sowohl allokationspolitisch als auch verteilungspolitisch als zweckmäßig erweist, diese Finanzierungsform ermöglicht wird, ob unter der Bezeichnung „Subvention" oder „Abgeltung", ist einerlei.

6. Noch ein letzter wichtiger Aspekt der Abgeltungsdiskussion sei erwähnt. Der Versuch, quantitativ eindeutige Regeln für die Bestimmung von Finanzierungsmitteln aus öffentlichen Haushalten zu gewinnen, wendet sich nicht zuletzt gegen das unzweifelhaft unwirtschaftliches Verhalten fördernde Verfahren, *globale Verlustausgleiche ex post* zu zahlen, oft verbunden mit ad hoc gewährten Liquiditätshilfen. Als Formen der Defizitfinanzierung, die auch in defizitären Betrieben wirtschaftliches Verhalten begünstigen, kommen in Frage:

1. die geplante, limitierte, betriebsindividuelle Verlustabdeckung;
2. die (evtl. teilweise) Übernahme bestimmter *Aufwands- bzw. Kostenarten* (z. B. der Vorhaltung)
    a) entweder betriebsindividuell,
    b) nach Durchschnittswerten oder
    c) gemäß dem Normalaufwand (den Normkosten) eines leistungsfähigen, sparsam wirtschaftenden Betriebs
3. die (evtl. teilweise) Bezuschussung *bestimmter Leistungen* mit im voraus bestimmten Beträgen je Leistungseinheit (sog. *Objektförderung*) unter Zugrundelegung
    a) von betriebsindividuellen Aufwands- bzw. Kostengrößen
    b) von Durchschnittskosten (dem Durchschnittsaufwand) einer Gruppe von Betrieben,
    c) der Kosten (des Aufwands) eines leistungsfähigen, sparsam wirtschaftenden Betriebs.
4. *Steuerermäßigungen* bei öffentlichen und freigemeinwirtschaftlichen Betrieben sind von jeher als eine Form der Abgeltung der gemeinwirtschaftlichen Last betrachtet und eingesetzt worden.

V. Offene Podiumsdiskussion zu den Referaten von Peter Friedrich, Wolfgang Vaerst Friedhelm Farthmann und Theo Thiemeyer geleitet von Peter Eichhorn

Berichterstatter: Albrecht Graf von Ingelheim

Der Diskussionsleiter fragte Hans Hermann *Reschke*, Mitglied des Vorstands der Deutschen Bundesbahn, Frankfurt am Main, nach Überlegungen zur Verselbständigung von Basiseinheiten der Bundesbahn, um Eigenverantwortlichkeit und damit auch Leistungsmotivation der Mitarbeiter zu fördern. *Reschke* legte die Schwierigkeiten dar, eine neue Unternehmensphilosophie in die Mitarbeiter zu tragen. Innerbetriebliche Organisationsstrukturen seien dahingehend zu ändern, die Einheit von Aufgabe, Kompetenz und Verantwortung herzustellen. Ziele müßten vereinbart und der Zielerreichungsgrad der eigenverantwortlichen Abrechnungsbezirke durch ein innerbetriebliches Rechnungswesen kontrolliert werden. Darüber hinaus müsse sich die Führung an diesen Grundsätzen ausrichten und mehr Erfolgskontrolle als Handlungskontrolle praktizieren. Professor Dr. Peter *Friedrich*, Gesamthochschule Siegen, wollte in diesem Zusammenhang wissen, ob das Rechnungswesen der Deutschen Bundesbahn soweit ausgebaut werde, daß Erfolge, die sich bei Außenstehenden niederschlügen, dokumentiert würden. *Reschke* betonte hierzu, daß solche Überlegungen außerhalb der Unternehmensrechnung bleiben müßten.

Die Frage von Professor Dr. Peter *Eichhorn*, Hochschule Speyer, nach den Umverteilungseffekten interner Subventionierungen beantwortete Professor Dr. Theo *Thiemeyer*, Universität Bochum, mit der betriebswirtschaftlich begründeten Forderung, solche internen Subventionierungen offenzulegen und kritisch zu überprüfen, da es sich um besteuerungsähnliche Vorgänge handele. Beigeordneter Dr. Paul *Münch*, Verband kommunaler Unternehmen, Köln, unterschied danach, ob es sich um einen „normalen" Gewinn handle oder ob im Gewinn Zuschläge enthalten seien, die im Hinblick auf eine zu erwartende Subventionierung gemacht wurden. Professor Dr. Günter *Püttner*, Hochschule Speyer, forderte ebenfalls eine Offenlegung der internen Subventionierung und zweifelte, ob es rechtlich überhaupt zulässig sei, am Haushalt vorbei Mittel zu übertragen. Dies könne für sachlich zusammenhängende

Unternehmen gerade noch gestattet werden, nicht dagegen für heterogene Betriebe. Die gemeinwirtschaftlichen Lasten seien vorher zu kalkulieren, denn ein Defizitausgleich bedeute, daß auf den öffentlichen Haushalt vorher nicht kalkulierte Beträge zukommen, mit anderen Worten, Steuergelder von hierzu nicht befugten Stellen verausgabt werden.

Den Mitbestimmungsüberlegungen von Minister Professor Dr. Friedhelm *Farthmann*, Ministerium für Arbeit, Gesundheit und Soziales des Landes Nordrhein-Westfalen, Düsseldorf, stimmte *Püttner* grundsätzlich zu, wollte aber wissen, wer das eine Drittel „öffentliches Interesse" repräsentieren oder interpretieren solle. In einer parlamentarischen Demokratie sei hierfür das Parlament legitimiert. Praktische Schwierigkeiten sieht *Püttner* bei einer Mitbestimmung von Minderheiten, die entweder ihre Vorstellungen nicht durchsetzen können, wenn die Mehrheit einheitlich stimmt. Falls die Mehrheit der öffentlichen Hand aber gespalten sei, weil verschiedene Gebietskörperschaften Kapitalanteile besitzen oder Parteienproporz herrsche, dann bilde die Minderheit das Zünglein an der Waage. Letztendlich müsse man dem Berliner Modell mit Parität und Beanstandungsrecht den Vorrang geben. Abteilungsdirektor Klaus D. *Koch*, Landesbank Hamburg, vermißte bei der Drittelparität den wirtschaftlichen Sachverstand und stellte die Hamburger Situation dar. Manfred *Wolf*, Technische Universität Berlin, sah in neuen Planungsmethoden, wie sie insbesondere von den Gewerkschaften entwickelt werden, Möglichkeiten, den mehrdimensionalen Zielstrukturen öffentlicher Unternehmen gerecht zu werden, da die herkömmlichen, von der Betriebswirtschaft zur Verfügung gestellten Techniken sich als nicht ausreichend erwiesen hätten. *Farthmann* anerkannte die Schwierigkeit, das öffentliche Interesse zu formulieren. Er schlug vor, das öffentliche Interesse durch parlamentarisch gewählte Vertreter repräsentieren zu lassen, wobei eine Personenidentität zwischen Parlamentarier und Vertreter nicht nötig sei. *Farthmann* verneinte Gefahren einer Mitbestimmung von Minderheiten, solange sich die Mehrheitsvertreter nur vom öffentlichen Interesse leiten ließen und parteipolitische Bindungen hintanstellten. Wirtschaftlichen Sachverstand in Aufsichtsgremien zu entsenden, sei durchaus im Interesse des Eigentümers — sprich der öffentlichen Hände. Sie haben damit aber auch darüber zu entscheiden, wer das öffentliche Interesse vertrete. Oberste These müsse bleiben, die Durchsetzbarkeit des öffentlichen Auftrags zu gewährleisten.

Professor Dr. Christoph *Reichard*, Fachhochschule für Verwaltung und Rechtspflege, Berlin, widmete sich dem Referat von *Friedrich*. Selten werde ein geschlossener Managementzyklus wie etwa Management by Objectives in öffentlichen Unternehmen praktiziert. Das

„Was" des Handelns im öffentlichen Bereich werde stärker betont, als das „Wozu". Die partizipative Variante des MbO sei für die öffentlichen Unternehmen von Interesse. Hiermit könne insbesondere durch fachliche Mitbestimmung am Arbeitsplatz Motivation und Effizienz gefördert werden. Bei stark abhängigen Betrieben, etwa Regiebetrieben, so befürchtete *Reichard*, seien von Politikern keine konkreten Zielvorgaben zu erwarten, da damit zuviel politische Angriffsfläche verbunden sei. Zieloperationalisierung im Falle eines konkreten Projekts, eines Trägers, weniger Zielen und überschaubarer Zielwirkungen erweise sich als nicht nötig. Erst im umgekehrten Fall sei Zieloperationalisierung sinnvoll.

Dr. Albrecht *Nagel*, Hochschule Speyer, sah die „enormen Operationalisierungsschwierigkeiten" besonders dann als gegeben an, wenn mit dem Instrument der „quantitativen Ziele" operationalisiert werde. Es sei weitgehend unbekannt, daß auch „nominal meßbare Ziele" (z. B. Ziel erreicht, Ziel nicht erreicht) und „ordinal meßbare Ziele" (z. B. Ziel gut, mittelmäßig oder schlecht erreicht) als vollwertige Operationalisierungsinstrumente angesehen werden könnten. Angesichts der hierfür bereits entwickelten und handhabbaren Methodenansätze sei die Präzisierung der Ziele öffentlicher Unternehmen möglich und zu empfehlen. In seiner Antwort betonte *Friedrich*, daß die Zusammenhänge der unterschiedlichen Operationalisierungsverfahren kaum bekannt sind. Bestimmte Operationalisierungsverfahren allein angewandt, könnten schwerwiegende Folgen haben. Projektbezogene Erfolgsrechnungen seien mit adäquaten Operationalisierungsmethoden durchaus möglich.

Ministerialrat Dr. Rudolf *Eiermann*, Deutsche Bundesbahn, Frankfurt am Main, griff nochmals die Abgeltungsproblematik auf. Nur in einer Marktwirtschaft existiere der Begriff Abgeltung als ein Instrument zur Harmonisierung der Wettbewerbsbedingungen. Die Abgeltungshöhe richte sich einmal nach den betriebsfremden, zum anderen nach den gemeinwirtschaftlichen Lasten. Im ersten Fall sei die Berechnung nicht schwer, da die Unternehmen nur als Zahlstellen anderer dienen. Aber auch für den zweiten Fall gebe es bereits funktionierende Rechenmethoden. *Eiermann* erinnerte an die supranationalen Regelungen der EG im Verkehrsbereich. Abgeltungen von gemeinwirtschaftlichen Lasten seien dann gerechtfertigt, wenn ein staatlicher Auftrag vorliege. Er hob hervor, daß Abgeltungsansprüche rechtlich nicht unter den Begriff Subventionen fallen.

Thiemeyer war mit *Püttner* einer Meinung, daß Subventionierungen nicht am öffentlichen Haushalt vorbei getätigt werden dürfen. Man müsse rationale Verfahren der Abgeltung bzw. Subventionierung finden. Zwei Vorstellungen trug *Thiemeyer* vor, einmal bestimmte Ausgaben-, Aufwands- oder Kostenarten in den öffentlichen Haushalt zu übernehmen oder aber bestimmte Leistungen gezielt zu subventionieren. Zu *Eiermann* bemerkte *Thiemeyer*, daß das Herstellen gleicher Wettbewerbsbedingungen durch Abgeltungen nur in der Theorie möglich sei und die Vorschläge der EG-Behörden kontrovers gesehen werden. Nicht eine rechtliche Abgrenzung zwischen Subvention und Abgeltung sei entscheidend, sondern allein die Tatsache, ob aus einem öffentlichen Haushalt finanziert wird oder nicht.

Schlußwort des Tagungsleiters

Die Tagung, die mit der soeben beendeten Diskussion zum Abschluß kommt, diente der Fortbildung. Es ging weniger um die Lösung hypothetischer Fragestellungen, als um die gegenseitige Information. Aktuelle Probleme öffentlicher Unternehmen und eine konstruktive Begegnung von Praktikern und Wissenschaftlern standen im Vordergrund.

Aus der Diagnose der gegenwärtigen Situation sollten unternehmens- und gesellschaftspolitische Schlüsse gezogen werden. Patentrezepte für die öffentliche Wirtschaft konnten und sollten nicht entwickelt werden; dafür ist das Erscheinungsbild der öffentlichen Unternehmen zu komplex. Wie wir wissen, reicht es vom kleinen kommunalen Regiebetrieb bis zu den großen industriellen Konzernen des Bundes. Trotz der zahlreichen und vielfältigen Besonderheiten der öffentlichen Unternehmen ist es uns meines Erachtens gelungen, übergreifende Probleme herauszuarbeiten und — zumindestens tendenziell — die Richtung anzugeben, in der nach Lösungsmöglichkeiten gesucht werden soll. Ich will mich bemühen, dies in einigen Thesen festzuhalten:

1. Im ganzen wurde wohl mehrheitlich die Auffassung vertreten, daß eine gemischte Wirtschaftsordnung (also mit privaten und öffentlichen Unternehmen) anderen Ordnungen vorzuziehen sei.

2. Der öffentliche Auftrag kann von einer gemeinwirtschaftlich erwünschten Aufgabenerfüllung (mit der häufigen Folge von Defiziten) bis hin zu erwerbswirtschaftlichen Zielen (mit der Wirkungen von Ablieferungen an das Muttergemeinwesen) reichen.

3. Öffentliche Unternehmen sichern heute über die „Lückenbüßer-Funktion" hinaus insbesondere mit Infrastrukturleistungen im Versorgungssektor das Tätigwerden privater Unternehmen und sind überall dort, wo natürliche Monopole existieren, unentbehrlich.

4. Soweit ein öffentliches Unternehmen sich vom öffentlichen Auftrag dadurch entfernt, daß es denselben Zielen und Verhaltensweisen privater Unternehmen folgt, scheint in unserer Wirtschaftsordnung die Existenz dieses öffentlichen Unternehmens nicht mehr gerechtfertigt zu sein.

5. Der Rückgriff auf einen ursprünglichen öffentlichen Auftrag allein genügt nicht für die Existenzberechtigung eines öffentlichen Unternehmens, da das öffentliche Interesse zeit- und situationsbezogen ist und daher immer wieder hinterfragt und neu definiert werden muß.

6. Da von einem Gebot mindestens der Aufwand-Ertrags-Deckung in Einzelfällen ein Zwang zur Rationalisierung ausgehen dürfte, sollte man ähnliche Verhältnisse bei solchen öffentlichen Unternehmen schaffen, die man hierfür als geeignet erachtet.

7. Interne Subventionierung und zum Teil garantierter Verlustausgleich hemmen notwendige Rationalisierungsbemühungen und können dem Äquivalenzprinzip (kostendeckende Gebühren) zuwiderlaufen.

8. Probleme öffentlicher Unternehmen sind oft nicht durch das öffentliche Eigentum begründet, sondern haben ihre auch bei privaten Unternehmen feststellbare Ursache in der Überbürokratisierung großer Organisationen.

9. Die Personalentwicklung insbesondere die Managementauslese soll an objektiven Kriterien vorgenommen werden, das Prinzip der Besitzstandswahrung hat in den Hintergrund zu treten.

10. Für die Aufsichtsgremien öffentlicher Unternehmen könnten spezifische Mitbestimmungsmöglichkeiten von Eigentümer, Betriebsangehörigen und Öffentlichkeit erprobt werden, wobei man sicherstellen muß, daß wirtschaftlicher Sachverstand eingebracht wird.

11. Öffentliche Unternehmen können als geborene Ausführungsorgane begriffen werden, wobei der öffentliche Auftrag von den dazu legitimierten politischen Instanzen genügend konkret vorzugeben ist.

12. Nach wie vor sind die öffentlichen Unternehmen, insbesondere die industriellen Beteiligungen des Bundes, unentbehrliche regional- und strukturpolitische Instrumente, die bei entsprechendem zielgerichteten Einsatz die Wirtschaftspolitik zu unterstützen vermögen.

13. Um mit Hilfe öffentlicher Unternehmen öffentliche Aufgaben effizienter erfüllen zu können, erscheint eine gezieltere Beteiligungspolitik der öffentlichen Hände als notwendig. Die eher historisch gewachsene Struktur der öffentlichen Wirtschaft bedarf insoweit einer Korrektur.

14. Der Angelpunkt der öffentlichen Aufgabenerfüllung liegt in der operationalen Formulierung öffentlicher Ziele und ihrer Überprüfung an Hand eines zieladäquaten gemeinwirtschaftlichen Rechnungswesens.

15. Eine gemeinwirtschaftliche Rechnungslegung, die die Wirkungen unternehmerischer Tätigkeit auf die Umwelt aufzuzeigen hilft, indem sie die gesellschaftlichen Nutzen und Kosten nachweist, vermag die Eindimensionalität des herkömmlichen Rechnungswesens zu ergänzen.

16. Die Rechnungshöfe sollte man verstärkt bei Fragen der Überprüfung der Aufgabenerfüllung durch öffentliche Unternehmen einschalten.

17. Die bürgernahe und bürgerfreundliche Aufgabenerfüllung durch öffentliche Unternehmen verlangt nach adäquaten Formen einer bürgerschaftlichen Kontrolle.

18. Es wurde keine Übereinstimmung darüber erzielt, ob zwischen Unternehmensträger und öffentlichem Unternehmen eine Identität der Interessenlage vorhanden sein sollte, oder ob sie sich als Gegenkräfte zu verstehen haben, die politische und unternehmerische Vorstellungen zum Ausgleich bringen müssen.

19. Inwieweit für öffentliche Unternehmen eine eigene Rechtsform sinnvoll und notwendig sei, konnte nicht abschließend erörtert werden.

20. Das Subsidiaritätsprinzip als Kriterium für das Vorhandensein öffentlicher Unternehmen stieß teilweise auf Zustimmung, teilweise auf Ablehnung.

Printed by Libri Plureos GmbH
in Hamburg, Germany